云南百位历史名人传记丛书

中共云南省委宣传部◎编

抗日县长 张问德

和 智◎著

云南出版集团

云南人民出版社

图书在版编目（CIP）数据

抗日县长——张问德/和智著. -- 昆明：云南人民出版社，2017.3
（云南百位历史名人传记丛书）
ISBN 978-7-222-15076-8

Ⅰ.①抗… Ⅱ.①和… Ⅲ.①张问德（1880-1957）-生平事迹 Ⅳ.①K827=7

中国版本图书馆CIP数据核字(2016)第267537号

出 品 人：	李　维
	赵石定
责任编辑：	金学丽
装帧设计：	马　滨
责任校对：	霍　红
责任印制：	杨　立

书名	抗日县长——张问德
作者	和　智　著
出版	云南出版集团　云南人民出版社
发行	云南人民出版社
社址	昆明市环城西路609号
邮编	650034
网址	www.ynpph.com.cn
E-mail	ynrms@sina.com
开本	889mm×1194mm　1/32
印张	5.375
字数	100千
版次	2017年3月第1版第1次印刷
印刷	昆明卓林包装印刷有限公司
书号	ISBN 978-7-222-15076-8
定价	32.00元

如有图书质量及相关问题请与我社联系
审校部电话0871-64164626　印制科电话0871-64191534

云南人民出版社公众微信号

云南百位历史名人传记丛书

编委会名单

主　任　赵　金
副主任　宣宇才　蔡春生　黄　尧
编　委　刘　荣　王　岭　范建华　李　维
　　　　　林文勋　杨林兴　陈友康　杨正权
　　　　　张　勇　张昌山　林超民　余嘉华
　　　　　谢本书　吴宝璋　李继红　杨安兴
　　　　　刘大伟　李银和　赵石定　周　祥
　　　　　王建南　张平慧

总 序

丛书编委会

历史长河浩浩荡荡！中华文明自滥觞至汇聚千流，涵纳万水，奔腾迭起，云蒸霞蔚，延五千年之长史，至今生机勃然，是迄今世界上唯一保持完整且衍传有序、光耀于人类的伟大文明。

习近平总书记指出：一个国家、一个民族的强盛，总是以文化兴盛为支撑的。中华民族是具有非凡创造力的民族，我们创造了伟大的中华文明，实现中华民族伟大复兴的中国梦，必须弘扬中国精神。以爱国主义为核心的民族精神，以改革创新为核心的时代精神，是兴国之魂，强国之魂。

云南，是祖国西南神奇、美丽、富饶的宝地，是中华文明中极具特质和创造潜力的丰美之乡。云南少数民族文化是中华民族文化的重要瑰宝。长期以来，云南大地上，各民族和睦与共，相濡相生，共同创造了色彩瑰丽、形态多元、底蕴厚重、影响深远的历史文化，为我们留下了珍贵的精神遗产。人，是历史的镜子，是历史最生动的环节，人民是历史的主人和创造主体。在人类历史的进程中，一个个不同时期的代表人物产生过一些不同的影响。"云南百位历史名人传记丛书"就是这样一丛历史的记录，一百位历史名人，虽未必尽能概全，各位历史人物的代表性也不尽相同，但都是"追梦人"，是振兴民族伟大理想的传薪人、探索者和实践家。

在这些代表人物中，无论是拓土开疆的将帅勇者，还是蹈海酬志的大国使节；无论是志于传播文明的鸿儒巨擘、先哲贤士，还是为民族独立解放而高歌猛进、慷慨捐躯的群雄英杰，都贯注了这一重要精神。正是以他们为代表的云南各族人民创造并抒写了可歌可泣的英雄史章，熔铸了坚韧不拔、奋为人先、包容博大、敢于担当的精神品质，才使云南在中华文明的长史中闪耀着特有的光辉。尤在近代中国，在辛亥护国风云中，在反对外辱保卫祖国边疆维护民族尊严、抗击日本法西斯侵略中，云南站在历史前台，以中华群雄的不屈身影演出了一幕幕豪迈悲壮的历史大戏，也更涌现了一批足以彪炳史册、光照后人的杰出人物。这一切，给予中国历史进程深远的影响。

今天，实现中华民族伟大复兴之梦，谱写富民强滇中国梦的云南篇章，需要以中华文化发展繁荣为重要条件，这就需要接续这一光荣而伟大的精神传统，在继承中创新，在创新中发展，在发展中超越。云南正处于一个新的历史起点上，需要大力挖掘历史文化资源，聚合更强大的精神动力，为推动我省科学发展、和谐发展、跨越发展凝心聚力。为此，我们组织省内外专家学者编写出版了"云南百位历史名人传记丛书"。这对加强我省各族人民，尤其是青年一代对历史的了解、认同，爱国爱乡爱民并甘于奉献，对提升优秀精神品质，形成团结奋斗的共同的思想基础，坚定推进富民强滇的信心和决心，显然有着重要的现实意义和切实的助力。

一百位历史人物，所处历史时期并不相同，其历史作用也有差异，甚至就个人的全面历史评断方面也难以等量趋同。但我们以为这些留存史迹的人物，所以传扬至今，为后世崇奉，均有他们共同的历史向度和价值取向，我们学习这些历史人物，至少应当着重于以下几个大的方面，即："守大德、重大义、集大成、有大度、达大观"。

守大德，即恪守道德规范。"德者，本也。"（《礼记·大学》）"大德"既是国家民族的根本利益所在，也是中国文化中最核心的价值理念及标准。古语"行德则兴，背德则崩"，不仅是资政经验，也是个人修习完善的根基。所谓"厚德载物"，直观的理解，就是如果德行浅薄，是不能兴物成事，更不能造就伟大功业的。云南历史文化名人，大多以德立身，大节不移，并对此恪守坚定，一以贯之；始终保持正确信念和理想，并为之奋斗到底。这是我们首先要学习尊崇的。

重大义，即以国家民族利益的需要为个人行为取舍的标准。有大义，才有大爱。这些先贤无不爱云南爱乡土，以兴业乡梓、造福一方为己任。尤在国家民族命运攸关、生死存亡的关头，这些令人崇敬的先辈，大义擎天，逢难不避，敢于担当，责无旁贷，勇往直前，不惧牺牲。一个心存天下大公的人总会在不经意的一瞬决定大义的选择，这是社会进步的希望所在，更何况实现中华复兴的伟大梦想，还有很多异常艰危的事业在等待我们去克难攻坚。所以，举凡大义、为民为国、全身而进的精神是我们应当效法崇尚的。

集大成，"知类通达，强立而不反，谓之大成"。这些历史人物留下的足迹，予人深刻启迪。他们无论是出将入相，还是布衣一袭，均勤学不辍，求索不止，在追求真理和知识的道路上刻苦务实，义无反顾，永无终期，故能成大器，胜大任，不辱使命。今天，世界进入知识信息时代，软硬实力决定一个国家能否赢得发展机遇，乃至自立于强国之列的地位。其紧迫性不亚于先辈梦想中国富强的百年期许。但今天所谓"集大成"，是更高更大更具有生存挑战性和发展战略性的，是集世界之"大成"，集政治经济、科技文化、制度建设、社会发展等一切领域"总成"，玉成中国梦的空前伟大的事业。所以，先人刻苦自律、博学精进的学习精神我们应当秉持继承。

有大度,即要有开放包容的胸怀。云南历史文化名人的一个共通品质,也是一个显著特点就是,即使身处僻远,总能破除狭隘与陋见,以宏大度量,兼容并包,接纳先进,吸收优异,团结一切可以团结的力量,聚合一切可以聚合的资源,总成一股创造历史的宏大动力,来完成伟大的事业。哪怕是割股舍己,也在所不惜。今天,云南要实现跨越式发展,保持开放包容的胸怀尤其重要。所以,先辈"天下云南"的大度我们应当弘扬光大。

达大观,即要眼观天下,达察全局,与时俱进,审时知变,敢为人先。推动云南社会历史进步的代表人物,无不目光远大,胸怀全局,对世界潮流、时代嬗变,都能审视洞悉,并欣然顺应规律,故能在历史转折的关键时刻做出正确选择,成就改天换地的一番伟业。古语有"小智自私"、"达人大观",是将为个人牟私的小智谋与担当天下兴亡的大智慧尖锐对比而言的。否则,"其兴也勃焉,其亡也忽焉"。一个为民为国而应用心智的人,必然有达观天下的心怀,也由此激发潜能、超迈寻常,而使人生境界也更加美好而宏丽。遍观世界文明史,许多影响人类进步的伟大创新,正是以此为动力和起点的。今天,中国经济社会的快速发展,国家的日益强大,正为实现中华民族伟大复兴的中国梦开拓了无限广阔的道路,也为个人实现自身价值创造着更加富实的前景。所以,先辈们达观天下的精神我们应当引为楷模。

我们对志向高远、仰观天下、俯察民情、甘为路石、慨当以慷、求真务实的历史名人,心存景仰,并愿与千千万万的读者,尤其是青年朋友一道学习弘扬。

组织编撰"云南百位历史名人传记丛书"是一项重要的文化工程,编撰出版人员都做出了艰苦的努力,但由于众手修书,书稿层次不一,成书体例难以做到完全一致,对存在的不足敬请读者批评指正,我们将虚心接受,并在修订再版时一并吸纳修改完善。

目录 // MULU

◆ 清末秀才

002／家学渊源
003／外出求学
004／居家苦读

◆ 投身政治

008／办理边政
011／颐养天年

◆ 腾冲沦陷

014／兵家必争之地
015／"铁城"沦陷

◆ 逃跑县长

018／隔江对峙
021／"三十六计,走为上计"

目录 // MULU

025 / "此无他，心死久矣"

◆ **抗日县长**

032 / "鞠躬尽瘁，死而后已"
037 / "抗战到底，步步前行"
071 / "硬得纯正，硬得正直，硬得正气"

◆ **汉奸县长**

080 / 伪维持会
084 / 伪腾越县政府

◆ **收复腾冲**

098 / 反攻开始
100 / 军民合作
112 / 日落滇西

目录 // MULU

◆ **县长隐退**

118／破败腾冲
120／冲突激化
134／魅力县长

◆ **附　录**

139／附录一　张问德先生自叙年谱
143／附录二　张问德自传
146／附录三　代电霍总司令仍按协定
　　　　　　抵除征购额

◆ **参考书目**

◆ **后　记**

清末秀才

张问德先生，清光绪六年（1880年）生于腾冲北门街书香门第之家。从小受父亲教导，接受良好的国学教育。经历游学、苦读、考科举等一系列传统知识分子走过的道路，最终成为秀才。就在张问德考中秀才的1901年，清政府规定废除用八股文考试。紧接着，光绪三十一年，即1905年，科举制度被废除。于是，1903年，张问德在家开办私塾，边教书，边读书，安静地生活了六年。张问德先生深受中国传统文化的熏陶，有孟子所谓"富贵不能淫，贫贱不能移"的浩然正气，形成刚正不阿、坚韧不拔、临危不惧、百折不回、爱家为国的民族特性，为日后在抗日战争中出任腾冲救亡县长，奠定了思想基础。

家学渊源

腾冲,旧称腾越,又叫滇越,位于云南省的西南端。腾冲人杰地灵,人才辈出,高黎贡山孕育了一批又一批的各界精英。远的不说,近代以来,涌现出云南辛亥革命首义领袖张文光、民国元老李根源、马克思主义哲学家艾思奇等一批名人。这里还是抗日县长张问德的家乡。张问德,字崇仁,号讱庵,别号遁叟、茹荼,清光绪六年(1880年)生于腾冲北门街张姓素儒之家。

先生4岁发蒙,开始识字,在家读"四书"、唐诗、《千字文》《诗经》等,接受传统的儒学教育。资质聪慧,7岁受庭训。在古代,庭训指父亲对儿子的教育。庭训这个典故出自《论语·季氏》:有一次,孔子独自站在堂上,孔鲤低着头快

张问德先生(1880—1957)

步从庭前恭敬地走过。"学《诗》了吗？""还没有。""不学《诗》，就不懂得怎么说话应对！"孔鲤退而学《诗》。又有一天，孔子独自站在堂上，孔鲤低着头快步从庭前恭敬地走过。"学《礼》了吗？""还没有。""不学《礼》，就不懂得怎么自立！"孔鲤退而学《礼》。通过庭训，孔鲤领悟到日常生活中的说话很重要，便开始思考如何自立这样一些人生当中重大的问题。不难想象，7岁的张问德在经过庭训后，对人生的一些重要问题如礼仪、原则、理想等有了朦胧的思考，"学而优则仕""天下兴亡，匹夫有责"这样的思想开始在他的头脑中浮现，对他日后参加科举考试、做官、抗日等行为具有重要影响。9岁时，他仿照欧阳修的字帖，用毛笔日写小楷三百字，为他日后刚健秀美的书法奠定了基础。

外出求学

11岁时，张问德外出求学，与李根源同受业于四川杜子涛先生门下。12岁时，聪慧的他因祖母去世而旷学。为了科举考试，次年受业于剑川何翼云夫子门下，勤读古文、"五经"，力攻八股文、五言律诗，背诵"四书"，为科举做了初步准备。15岁时初次童子试，进州考试，甚为可惜的是，因生病未能参加由省学政主持的院试。次年转而入腾冲来凤书院，跟随寸晓亭夫子学习，主攻八股文、诗赋，读韩柳文、李杜诗。经过两年苦读，18岁再次参加童子试，州考榜上有名，可惜复试因标题有错别字而作罢。19岁在主管学务的官学教师李子勤先生门下学习。清光绪二十七年（1901年），21岁的张问德第三次参加童子试，功夫不负有心人，州考、府考均名列前茅，并且通过院试，成为秀才。秀才在明清时指通过县试、府试、院试三个阶段童子试，得到府、县入学资格的"生员"。在封建社会，成为秀才即代表获得功名，进入士大夫阶层，享有各种特权。

居家苦读

就在张问德考中秀才的1901年，清政府规定废除用八股文考试。紧接着，光绪三十一年，即1905年9月2日，慈禧以光绪名义发布上谕："着自丙午科为始，所有乡会试一律停止。各省岁科考试，亦即停止。"自此，延续千年的科举制度正式宣告废除。对于旧时读书人来说这是一个晴天霹雳：要学好八股文本来就很不容易，学好八股文以后又没有前途，他们梦寐以求的进士梦宣告破灭，这对他们造成了极大的打击，很多人从此一蹶不振。张问德似乎也受到一些冲击。"科举罢，家贫亲老，糊口课读，家居六载。"于是1903年张问德在家开办私塾，边教书，边读书，安静地生活了六年。

张问德先生，生于书香门第之家。从小受父亲教导,接受良好的国学教育。经历游学、苦读、考科举等一系列传统知识分子走过的道路,最终成为秀才。他深受中国传统文化的熏陶,有孟子所谓"富贵不能淫,贫贱不能移"的浩然正气,形成刚正不阿、坚韧不拔、临危不惧、百折不回、爱家为国的民族特性,为日后在抗日战争中出任腾冲救火县长,奠定了思想基础。

投身政治

"天将降大任于斯人也,必将苦其心志,劳其筋骨,饿其体肤,空乏其身,行拂乱其所为,所以动心忍性,曾益其所不能。"张问德任腾冲县长以前的经历,正是印证了孟子的话。20世纪是一个变革的时代,中国在变革,云南也在变革。命运向张问德招手,张问德不可能一直过教书、读书的安静生活,他开始接受时代的使命,接受完成大事以前的磨炼。清宣统元年(1909年),张问德投笔从戎。辛亥(1911年)革命后,又转而从政,为国事奔走。他先后平定干崖匪患,赴粤充两广护国军都司令部委员,严刹赌风,严惩霸占民田的团保局长,参加中缅昔马、蛮爱边案会审,参与丽维副使倒唐,解决南甸土司与地方纠纷。张问德办理边政数十年,颇有政绩。后赴昆明,先后任第5旅秘书及省政府秘书。其后又回到地方,任昌宁县县长。

办理边政

20世纪是一个变革的时代,中国在变革,云南也在变革。命运向张问德招手,张问德不可能一直过教书、读书的安静生活,他开始接受时代的使命,接受完成大事以前的磨炼。清宣统元年(1909年),29岁的张问德投笔从戎,任腾越(即腾冲)防营文案。〔防营即防军,以湘军、淮军等勇营部队留防各地而得名。为清末各省督抚及统兵大臣节制的、独立于清朝兵部之外的机动性武装。甲午战争后多数被改编为续备军。《新纂云南通志六·军制考三·清代军制二·防营》载:光绪十六年(1890年),依云贵总督王文韶、巡抚谭钧培奏准,将挑练战兵去掉绿营名号,改为防军、土勇。宣统元年(1909年)以后仍有增加,到辛亥革命为止,云南防营总数达24412名,占全省陆军的2/3以上。西防第十一营员、官弁、兵、夫共301名,驻扎在腾越城外石佛寺、药王庙、禹王宫、五皇殿、关圣庙等处。〕张问德的主要职责为草拟文牍、掌管档案,文案这种幕僚的地位比一般属吏高。

辛亥革命后张问德从政,为国事而奔走。民国元年(1912年)张问德任腾冲府司法科长,被选为众议委员。二年(1913年)张问德调任腾越正关委员兼官银号委员。〔腾越海关和腾越官银号是列强侵略的产物。光绪二十三年(1897年),根据中英续订《中缅条约附款》的规定，开辟腾越为商埠，在腾越设立海关。腾越海关隶属于北京的海关总署，为正关。官银号为官办金融机构、新式银行，其前身为钱庄银号。官银号委员，即监督其业务。］这年冬天，因干崖土匪猖獗，百姓迁徙一空，情况危急，由海关调到干崖弹压委员会［干崖弹压委员会，为明清干崖宣抚司刀氏辖地，民国元年（1912年）为干崖弹压委员，民国四年（1915年）为干崖行政委员，民国二十三年（1934年）改为盈江设治局，为建县过渡机构，1951年为盈江县。］经过八个月的艰难困苦，匪患平定，张问德被调回腾越道署，一年后任实业科长。

1915年12月12日，袁世凯背叛民国，宣布复辟帝制。蔡锷、唐继尧在云南首先宣布独立，组织中华民国护国军讨袁，接着贵州、四川、广西、广东、湖南等省宣布独立，共同反袁。这就是历史上的"护国运动"。1916年5月1日，设两广护国军都司令部，岑春煊为都司令，梁启超为都参谋，李根源为副参谋。8日，在肇庆成立具有中央政权性质的中华民国军政府军务院，以领导南方革命，推唐继尧为抚军长，岑春煊为副抚军长，黎元洪为大总统。10日，两广护国军都司令部撤销。张问德于1916年赴粤充两广护国军都司令部委员（授中校衔），不久，都司令部撤销，都司令岑春煊咨送回滇。6月，袁世凯死去，7月护国运动结束。

1917年到1919年，张问德先后任溪处官厅江外巡视铲烟委员、腾冲边界盐务稽验委员、广东太平关监督署顾

1916年时任两广护国军都司令部委员（中校）的张问德

问。1920至1923年，他先后任芒遮板行政委员、盏达行政委员。任职期间，深入民间，了解民情，严刹赌风，严惩依仗权势霸占民田的团保局长李瑞仁，以致人心大快，社会风气好转。在任期间，又与英员会修陇川边界界桩3棵，出巡清查盏达属与英国接界界桩15棵。接着他赴蛮爱，充中缅昔马、蛮爱边案会审初审官，结束昔马会案。先后奉省电记大功三次。在任几年，张问德感染瘴疠，几次濒临危险，终因身染瘴疠，辞职归家。

张问德办理边政数十年，颇有政绩。1926年，适驻防陆军26团与丽维副使联络反云南都督唐继尧，7月西军政变，迤西各县，多被占领。腾冲虽宣布独立，并且法纪严明，无所惊扰，但驻腾英国领事、税务司及地方人士甚为惶恐，于是邀请张问德出来维持县务，以免地方遭受摧残。张问德本想坚守不出，但英国领事、税务人员回国，就会发生外交纠纷，且独立当局再三敦促，无奈出来维持地方县事3月。后丽维副使倒唐失败，1927年，张问德出游密支那，赴上海。唐继尧死后，张问德回滇。

1929年，张问德任第3师咨谋官，并委充腾冲煤油特捐局局长。当时李日垓任云南第1殖边督办，邀张问德任秘书，故辞去腾冲煤油特捐局局长之职，历时四年。1933年，张问德解决南甸土司与地方纠纷。1934年，张问德任腾冲县参议会正议长。时承包全县盐务的官商杨锦帆欺行霸市、擅提盐价，造成人民生活困难。先生不惧威胁，拒收贿赂，支持民众示威游行，终于制止了杨的不法行为，并将其撤职。

1936年，张问德辞议长职赴昆明，就第5旅秘书。1937年，第5旅改编为第60军，张问德充军法官。因年迈不能远征，调省政府秘书。1938年，省政府委张问德充云南县长训练班毕业考试官，并兼任教育厅全省会考监视官。

颐养天年

1939年，张问德任昌宁县县长。1940年，张问德因病辞职回家医治。1941年，张问德居家休养。告老还乡的张问德，日子过得应该还算舒坦。须发皆白的他，在经历无数沧桑世事、宦海沉浮后，倦鸟知还，过着陶渊明一样潇洒不羁的生活。登东皋以抒啸，临清泉而赋诗，随心所欲，优哉游哉。他曾经似乎兴之所至，手挂藤杖，吟唱道：

白门芳草绿平铺,到处游人问大苏。
留得腰间孤剑在,哪怕囊底一钱无。
春风驴背删诗草,明月床前把酒壶。

正当张问德如自己所说的"老来阁置如新妇,一步不轻出大门",闭门修养的时候,日本人的到来,打破了他的宁静生活。

腾冲沦陷

民国三十一年（1942年）5月10日，对于腾冲人民来说是一个难以忘怀的日子。这一天让腾冲人民难以忘怀，不是因为这一天腾冲修建了滇缅公路，不是因为这一天腾冲有了飞机，更不是因为腾冲被授予"中国翡翠第一城"。这一天，腾冲这座曾经涌现明代邓子龙驱除缅酋、横扫岳凤的英雄之城，曾经发生清末李国珍为阻止英殖民者而杀马嘉理的爱国之城，曾经出现光绪左孝臣手持大刀与英军血战这样光辉事迹的"铁城"，被区区216个手持步枪与轻机枪，外加两门钢炮的"日本鬼子"，几乎不费一枪一弹占领！这座曾经用无数戍边将士血汗筑起的石头城，曾经为抵御外敌而洒下无数鲜血的"铁城"，曾经让敌人闻风丧胆的坚固城池，就这样轻易被占领！

兵家必争之地

腾冲为滇西边陲重镇，西汉以前即为中印交通要冲。《史记·大宛列传》载汉朝遣使求通中印间的蜀身毒道说："南方闭巂、昆明。……然闻其西可千余里有乘象国，名曰滇越，而蜀间出物者，或至也。"专家称巂即巂唐，在今保山；昆明，在今洱海；"滇越"在今腾冲，巂唐和滇越为哀牢部族所在。其有文字可考的历史可以追溯到汉武帝元封二年（前109年）。这一年汉王朝在今天云南设益州郡，管辖二十四个县，其中即有巂唐县（为今保山市）。东汉时，为了更好地管理归附的哀牢部族，永平十二年（69年），设置永昌郡，下辖八个县，其中哀牢县在今保山市潞江以西一带，即腾冲、龙陵、德宏州及以西一带，而以腾冲为哀牢县治。

腾冲位于中缅边境，商业发达，战略位置重要，地处八关锁钥，九隘藩篱，进可攻，退可守，历来为兵家必争之地。县城在明代正统年间用石筑成，高大坚固，号称"铁城"。城外有来凤、飞凤、蜚凤、宝凤四山为天然屏障。其西又有怒江、高黎贡山天险。

"铁城"沦陷

然而,"铁城"没能挡住日本人,更为滑稽的是,日军到腾冲城后由于无人抵抗,故日军饭后即睡。《腾冲沦陷记》载:"十日中午敌至大董,乡民认识不清,误以为中央军到来,群集而观,绅士且前往接洽,后以语言不通,方知为敌,乃惊恐四散。敌军见乡民之态度安闲,亦觉莫名其妙。"当时"护路营之留守队已撤至西山坝,仅留一班哨于满金邑。下午三时许,敌至倪家堡,我哨兵于田间瓦窑内开枪射击,敌即以机枪猛射,并发炮数响,我哨兵二人负伤向西退却。敌军搜索后,即长驱安全

修复后的腾冲城

入城。张兆等十余人长袍大褂，忙碌招待，敌军人数实只二一六人，携轻机枪十九挺，钢炮二门，为敌金刚联队之一部。"仅区区216人就占领我军事要地腾冲城！"日军入城后警戒颇严，太阳旗遍布城头，俱皆十分疲乏，餐后除哨兵、卫兵外，其他即随处卧倒，沉睡不醒。十一日始出城布防，各路口设置岗位，严禁行人，过者辄鞭挞备至。"

这一天让腾冲人民难以忘怀。不是因为这一天腾冲修建了滇缅公路，不是因为这一天腾冲有了飞机，更不是是因为腾冲被授予"中国翡翠第一城"。这一天，腾冲这座曾经涌现明代邓子龙驱除缅酋、横扫岳凤的英雄之城，曾经涌现清末李珍国这样为阻止英殖民者而杀马嘉理的爱国之城，曾经涌现光绪左孝臣手持大刀与英军血战这样光辉事迹的"铁城"，被区区216个手持步枪与轻机枪，外加两门钢炮的日本鬼子，几乎不费一枪一弹占领！这座曾经用无数戍边将士血汗筑起的石头城，曾经为抵御外敌而洒下无数鲜血的"铁城"，曾经让敌人闻风丧胆的坚固城池，就这样轻易被占领！1942年5月10日，确实令人难以忘怀！

逃跑县长

以腾冲县县长邱天培为代表的逃跑者,被称为"逃跑县长"。人性的弱点注定很多人贪生怕死。中国历史上,每当外敌入侵时,官员逃跑并不罕见。清朝末年,这一现象更加突出。从鸦片战争开始,逃跑在官员当中似乎已成为一种习惯。当然逃跑是一种策略,中国古代有"三十六计,走为上计"这样的说法。日军占领龙陵,消息传到腾冲,引起恐慌。腾龙边区行政监督,腾冲当时最高军事行政官龙纯武先逃跑了,紧接着腾冲县长邱天培、护路营营长李从善、28师师长刘伯龙相继撤离腾冲,造成腾冲无政府组织、无军队驻守的状况。国民政府、中国的军事家,似乎对腾冲的地位没有明确的认识,他们似乎已经放弃了腾冲!日军还未进入,腾冲已成"空城"!

隔江对峙

任何事情都不是孤立存在的，二战的战场也不例外。中国战场的形势和当时的亚洲乃至世界形势密不可分。1940年，欧洲战场形势急剧恶化，法西斯势力猖獗不可一世。中国战场进入了全面抗战的第三个年头，也是中国人民抗日战争最艰苦的时期。这时，日本帝国主义正准备发动太平洋战争，然而，日本侵略者也注意到，"中国战线即使是太平洋战争开始以后，也仍然是日本陆军的主要战场""为征服中国，要进行彻底作战和完全封锁中国"。因此，进攻东南亚，切断通过滇西连接缅甸的滇缅公路——这是当时中国西南陆上唯一的国际通道，进而从中国战场的大后方夹击中国，可以"瓦解中国的抗战意志"，甚至可以在1943年初实施第5号作战计划，"实行进攻重庆的作战"，最后彻底消灭中国。于是，日本加紧侵略东南亚的步伐。

日军以迅雷不及掩耳之势席卷亚洲：1940年9月，日军入侵越南，切断了中越通道；暹罗则是日本的帮凶；老挝事实上没有什么兵备。三国很快沦陷。1941年12月，日本偷袭珍珠港，太平洋战争爆发。日本陆军以40万兵力，在海空军的配合下，迅速席卷香港、荷属东印度群岛、菲律宾、新加坡和马来西亚等地。接着1942年2月上旬，分三路大军向缅甸进攻，追击英军渡萨尔温江，攻占白古。

中国远征军于1942年2月底紧急出兵，3月8日仰光失陷。中国远征军虽然先后在缅甸的同古、仁安羌等地取得了胜利，但是由于丧失了有利时机，加上盟军缺乏配合，指挥混乱，日本军队控制了缅甸。

由于日第56师团于4月29日控制缅北重镇腊戍，切断远征军后路，中国远征军一部分被迫退入印度，大部分绕道中缅边境退回云南。日军第56师团以装甲车为先导，并用汽车载运步兵，沿滇缅公路快速挺进。1942年5月1日，滇缅公路被切断，造成日军进攻滇西形势。蒋介石密电军委会驻滇参谋团林蔚，命其对保山、畹町间桥梁，做"完成破坏准备"。5月3日，林蔚复电："边境潞（怒）、澜两江桥正准备破坏中，龙陵以西……准备实施。"

5月3日，日军攻占畹町，侵入云南边境，第66军在龙陵、芒市一带部队，散置要口，零星布防。因事出意外，国民党军阵地尚未设立，而日军已冲至，屡次被敌冲散。同日午后，芒市沦陷。4日，日军至龙陵，国民党在龙陵之部队，已"零星四出堵截"，城已无人守之，龙陵被日军占领。方国瑜先生《抗日战争滇西战事篇》记载了惠通桥被炸的经过：5月5日，自缅甸逃出至龙陵之公私商车，惊慌失措向惠通桥衔接而行，其状甚是狼狈。日军军车，趁机潜械伪装，混入商车队疾驶。国民党前线工兵总指挥马崇六，自龙陵退归，上午十时抵惠通桥，恐日军疾进怒江，即命守桥工兵置炸药于桥上，待机炸桥。商车过桥者，即命驶行，然随后而来者，犹源源不绝。前线工兵总指挥马崇六注视怒江西岸迂回山道，车辆蜿蜒而下，他虽然愿意让商车多过，但又害怕日军军车来到，故时时警惕提防。至十一时多，恰有龙陵商人何树鹏自保山归，驶车出惠通桥载客数人，将返龙陵。遇迎面而来之车，有相识者，言龙陵已被日军占领，乘客仓促下车，改乘他车回保山，何树鹏亦迟疑转车。此时有一车欲从旁冲过，由于方向盘转得过猛，机械顿时损坏，动弹不得，横立于道，后面的车子被堵。守桥宪兵见横车堵道，努力排除以清道路，而驾车者以恶言攻击，宪兵开枪以警告。距桥十数丈，有日军军车已暗随商车队跟进，计划偷渡惠通桥，这时被阻于西岸，听到枪声，以为国民党军队已发觉，遂开枪向桥头扫射，企图阻止破坏炸桥，以便长驱直入。知日军已跟踪而至，就在千钧一发之际，前线工兵总指挥马崇六当机立断下令炸桥。轰然一声，石破天惊，怒江惠通铁桥被炸断，此时是正午十二时十五分。滞留在怒江两岸之商车难民，见桥炸断，惶恐奔驰，进则路断，退则敌阻，遂相率弃车登山，扶老携幼，不时传来凄惨的喧号声。日军排开阻道之车而进，须臾其快速部队之坦克车、装甲车，已抵桥头，不能飞渡，遂隔江展开激战。惠通桥向为征稽之处，未设重兵防守，此时仅有熄烽部队滇籍步兵一连，中央宪兵十数人，及少数之工兵，由营长张祖武统之。数百日军突至，形势十分危险，马总指挥冷静应付，指挥桥头之各部队，隔江射击，弹无虚发。入夜，日军在月光的指引下，在炮火掩护下，乘橡皮船强行渡过怒江500人，我守桥部队，与敌军殊死搏斗，伤亡殆尽。幸好我71军36师106团及时赶到，106团官兵在沿江各族人民的支持下，坚决反击日寇，双方争夺激烈。战至8日，我军107团、108团赶到，与敌反复冲杀和白刃搏斗，乃将怒江东岸敌人大部消灭，只有几十个游泳逃回西岸。这是入寇滇省的日军第一次遭到中国正规军的顽强抵抗。经过此役，阻止了日军沿滇缅公路向东突进的企图，奠定了敌我隔怒江对峙的局面。

"三十六计，走为上计"

以腾冲县长邱天培为代表的逃跑者，被称为"逃跑县长"。人性的弱点注定很多人贪生怕死。中国历史上，每当外敌入侵时，官员逃跑并不罕见。清朝晚期，这一现象更加突出。从鸦片战争开始，逃跑在官员当中似乎已成为一种习惯。当然逃跑是一种策略，中国古代有"三十六计，走为上计"这样的说法。故对当时最不该逃跑的腾龙边区行政监督龙纯武、腾冲县长邱天培，我们似乎应该给予谅解。

日军占领龙陵，消息传到腾冲，引起恐慌。腾冲为中国西南边疆重镇，向设边疆大员驻守，以防边患。龙纯武，云南省主席龙云的三公子，时任腾龙边区行政监督驻守腾冲，腾冲当时最高军事行政官，不思抵抗而设法逃跑。龙三公子一面加紧搜刮，一面急电至昆明求调他职。力主开滇缅公路以备敌的龙云即命其为云南警备副司令，这就给了儿子逃跑的合法性。龙三公子借故首先启运鸦片烟土、玉石、象牙数百驮，离开腾冲。5月7日，他不顾地方民众御敌请求，率特务营启程赴省城。龙纯武走了，腾龙边区行政监督被撤销，改设行政专员，而行政专员在腾冲沦陷后一个月尚未到腾冲任职。

紧随其后的是在任县长邱天培，论责任他第二个不能跑，可"上梁不正下梁歪"的古谚是不会错的。5月7日，腾冲县长邱天培送龙纯武至芹菜塘，下午回城，傍晚7时在县商会召集临时会议。邱天培在会上宣布龙陵失陷，时局紧张，县政府拟与各机关联合撤退。刘楚湘等到会地方士绅表示，"县长有守土之责，未见敌人岂可撤退，应与县城共存亡。"建议派兵沿龙川江防御，拆毁腾龙、龙安两桥，设递步哨以通情报，当即表决议定。奈何会议虽表决如此，而邱天培回县府后，竟不顾一切，收拾行李，于半夜一时携家眷逃出县城。所有自卫队及警察等，一并被邱天培挟持出走至三练，各机关主管人员皆私自潜逃。驻防腾冲的护路营，7日晚由营长李从善率领撤退至城西30里的宠欻山，仅留营副角某，带兵一连在城维持秩序。

8日，人心惶惶，地方已成无政府状态，加上缅甸退出之伤兵、难民沿途络绎不绝，其数达千余人之多，由密支那退出未入城之数，尚不止此。地方士绅目睹此恐怖情形，一面飞送信函请邱县长回城主持局势，一面相约地方人士会集于县商会，维持秩序，于救济医院设伤兵医院及招待所，以应付难民、伤兵。

当日，66军新28师师长刘伯龙由龙陵退出，在腾冲蒲川县桥头街致函腾龙边区行政监督龙纯武，谓该师经曼德勒、腊戍驰至桥头额，收容由缅甸退回之散兵，请龙监督接济粮秣。因为当时龙纯武已回省城，此函送至县商会，地方士绅拆阅后，遂函蒲川乡乡长，以该乡积谷接济，然而函未送达。

9日晨，刘伯龙师长率官兵20余人至腾冲城，地方士绅打算留其在腾冲城镇守，而护路营李从善营长等都不在城，商议无办法。士绅请求刘师长留腾震慑，刘师长以无可指挥之兵为由，于当日仓皇离开腾冲。关于刘伯龙，他离开腾冲后，在路途所经过之处，痛斥腾冲士绅、人民不良。以为腾冲士绅、人民，有投敌嫌疑者甚多，且曾列名单向军事部门报告。后来邱天培又到省里控诉，其情形与刘伯龙所说相同。因此，云南省政府有通缉某某等明令。等到邱天培返回腾北进行县长交接时，新任腾冲县长张问德以此事询问邱天培。邱天培回答事出有因，然而控诉实非其本意，他愿意申请洗刷被通缉者的罪名，请张问德转呈省政府。张问德当时不知道事情的症结所在，认为万万不会有这样的事情，就将邱天培的信函转呈省政府，并请省政府批准撤销通缉。不料以后敌伪宣传品中，南京汉奸报纸对于腾冲沦陷，竟有腾冲小帽商人70余人，手持太阳旗出城欢迎"皇军"的报道。张问德听到这些报道，又吃惊，又害羞，以为天地间不会有如此之事情。等到反攻期间，张问德随军推进腾冲城附近，考察民情，访查舆论后，指出腾冲确实有不良士绅！那么，我们似乎可以确定，腾冲沦陷的一个原因，就是由于腾冲城里有汉奸。

9日晚，逃跑县长邱天培因地方人士追至，于是再次由曲石回城，并透露情报，敌军已经抵到孟连。官绅听到后，一个个面面相觑，互相叹息，相互哭泣，一筹莫展。邱天培再次星夜逃去，在县商会人士也各自准备疏散离去。

估计邱县长也有思想斗争，他先送走了龙监督，返回县城召集会议，决定撤退。据说在会上，刘楚湘建议政府出面，召集溃散的远征军散兵游勇进行抵抗，但没能成功。在士绅的说服下，邱天培总算有些县长的样子，决定驻守腾冲，并派兵沿龙川江防御，拆毁腾龙、龙安两桥，设递步哨以通情报。不知邱天培当时犹豫了没有，到8日1时许，他还是"撤退"了。邱天培还是有些胆量，还是有些思想斗争的。当地方士绅派人找到他，请他回城主持时，他还是回到城中，透露敌军情报。他应该还算敢作敢当，在其后张问德、刘楚湘和一干士绅重组县政府，竖起国旗打游击的时候，他还是大着胆子从藏身之处返回已是游击区的界头交了印信。同时，1942年9月10日邱天培奉令返界头移交时，移交了公款约20万元，对刚刚成立且经费困难的县政府来说还是有一些帮助的。然而，邱天培作为县长有守土之责，未见敌人而撤退，将腾冲城拱手让给侵略者，"上负国家，下负民众。"腾冲民众遭受了巨大的痛苦，也给自己背上了历史的罪名，成了名副其实的逃跑县长。

由于腾龙边区行政监督，腾冲当时最高军事行政官龙纯武的逃跑，腾冲县长邱天培、护路营营长李从善、28师师长刘伯龙相继撤离腾冲，造成腾冲无政府组织、无军队驻守的状况。民国政府、军事家们，似乎对腾冲的地位没有明确的认识，他们似乎已经放弃了腾冲！日军还未进入，腾冲已成"空城"！

"此无他，心死久矣"

对腾冲城沦陷的原因，张问德在其1945年所作的《通论》中有精辟的论述。"腾冲之陷，余以为因无备而陷。"自卢沟桥事变，九州之地为倭奴所侵略者，已近510余县，"有国以来无此战局"。云南虽居边远，但毗连英法殖民地印度、缅甸、越南、老挝。云南又与川黔唇齿相依，为国防上的要地。如果国民政府对此有所谋划，"实边备，慎封守，防患未然，缅甸可不失"，边疆的守备不会坏。驻防地方的守吏，如果事先有所准备，"山势之雄峻，江河之险要，道路之崎岖，层层屏障，缅甸即失，腾龙亦非倭奴所易侵入"。"当龙陵陷落时，地方绝无报道，此一现象，实为反常之现象，与'敌军较谣言快，谣言较报道快'"正好相符。因此民间喜乐如常，而不知有大敌将至。

"5月7日，县长邱天培在商会召集绅士商人商讨，结果派绅士截断龙川江上腾龙桥，而由护路营第三营防守。会后是夜，邱天培即出逃。邱守土有责，于敌军未至、城池未失以前，竟不力图防堵，县长一走，商会瓦解，各机关风流云散，实属上负国家，下负民众。距腾龙桥仅九十里，三日之间，在商会开会截断，竟未截断，护路营第三营亦即北撤，放弃城池，任敌长驱直入。考当时来腾之敌，仅有二百九十二人，除步枪及轻机枪而外，亦仅有重机枪两挺，而并未费一卒一弹占领，即入据腾冲，至发生腾冲沦陷之初五日内无战事之丑事。如当时能将腾龙桥截断，而以护路营、梁河营、特务营等于江北岸防御，必能使腾冲不致失陷，因为五月十四日预二师即已达到县境，当可展开于腾龙桥东西线。假若惠人桥未被截断，则预二师可以节省三日渡江时间，十一日即可到达腾冲。此惠人桥有人截断，而腾龙桥无人截断，遂使腾冲沦陷，此于天地人三才，非天时地利不足与有可为，而实参加商会开会之人，用人不当所致。

"伪维持会由召集而筹备而成立而执行其所谓职权，去沦陷之日不过十日，办理'良民证'之印制，'良民'身份之调查、登记、复验、申请、填发等手续完毕迅速，伪维持会之工作效率及伪维持会人员之尽忠职务，实为地方多年所未见。而何以历来对我国家对我政府对我地方未见有如此者，而乃见之于沦陷以后，而乃独见之于沦陷以后为敌人统制之时，此无他，心死久矣。"

当腾冲初陷时，除有一部分敌人东进外，均盘踞往来于猛连、腾冲之间，其范围未越出猛连、洞山、东华、城保、绮罗、和顺、小西、下北、中和、明朗十个乡镇内，而此十乡镇，为腾冲富庶区。"夫礼者法之源，悖理必致违法，哀此富人不惟不好礼，且已无礼，惟其无理，所以无法。以如是之人，当如是之事，尚何望于腾龙桥之截断，尚何望于奋袂投义，不比附于敌伪者哉！""故腾冲之沦陷，固由于无备，而亦由于人事之条件不足与有可为，以致如此。"

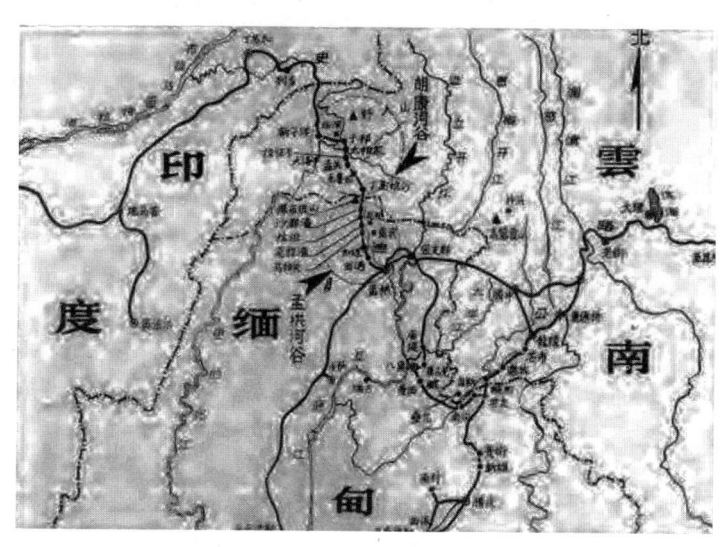

中缅战场形势图（摘自《云南文史资料选辑》第三十九辑）

腾冲的价值，日本人则似乎比中国的政治家、军事家更加清楚。《父亲的战场·县长张问德》是这么说的:"日军在攻占龙陵县城后,于5月5日进攻怒江的同时,额外分了一小支步兵奔袭边城腾冲。显然日本人对滇西的地理环境早已了如指掌,知道要控制怒江与高黎贡山,一定要占领腾冲,进而以腾冲为基地,控制高黎贡山上的要扼——南、北斋公房。由龙陵到腾冲,峰回路转,路的一面绝壁千仞,另一面万丈深渊。遥想几十年前还走鸡肠子路的时候,无论是谁,只要在那山上小设伏兵,每个弯道都是入侵者的死地。倘若再早两天上山,在崖壁间埋上炸药,轰响之下,多少兵马都埋骨其间。最不济上山堆石头,那是无穷尽的武器,中华几千年战争史上,死于滚木礌石的无名之卒恐以千万计,不足三百人的队伍走到几百米外的脚下,推倒石墙跑就是了,一袋烟之后,那点儿人砸死完了,埋都不用埋。其实在那样易守难攻的地形下,只需要一点点勇气,妇孺都挡得住不足三百人的生疏的异国步兵。然而,没有一个当政者,没有一支军队去这么做。"

于是,就出现了5月10日,216个手持步枪与轻机枪,外加两门钢炮的"日本鬼子",几乎不费一枪一弹大摇大摆进入腾冲城的一幕!(按:腾冲县务会《通告腾城沦陷经过》、熊文定《腾冲军民抗战片段》、张问德《通论》等以往史料对腾冲沦陷的经过有简短的论述,认为5月10日占领腾冲的日军为292人。《腾冲沦陷记》则更详尽地记载了日军进入腾冲的经过、人数、军备等。因全都是时人的记载,故5月10日日军占领腾冲的经过、人数、军备以《腾冲沦陷记》为主要依据，同时参考了以上三份材料。）那时，根据美国志愿空军的侦察报告："在滇缅公路上中国军队零零落落，溃不成军，对于日军的前进，完全没有抵抗，如果再不设法挽救，依照敌人几天以来前进的速度计算，十天左右就可以到达昆明了。"又据稍后在滇缅公路上击毙的一个日军大队长身上，搜出日军第56师团作战计划及地图一张，得知日军第56师团全部在腾（冲）、龙（陵）地区，分为腾北、腾冲、龙陵、腊猛（松山）、芒市、新浓六个守备区，其师团部及直属部队驻在芒市，判断其兵力约为1.5万至2万人。可见，日军对滇西的入侵并非小部队骚扰行动，而是大团队、有计划的侵略行为。不过，由于抵抗有力，日军始终未能跨过怒江。延至1943年初，日军势力向北延伸到泸水地区。这样，日军就占领了怒江以西，南到孟定，北达泸水的滇西地区，约8.3万平方公里的土地和约50万人口处于日寇的统治下。于是，云南由抗日大后方，变成了抗日前线。滇西大片国土沦陷，滇西抗战就此开始。

抗日县长

"疾风知劲草",中国那句讲了上千年的老话应验了。日本人将来未来之际,真如一阵狂风,轻一点儿的都飘走了,偏就有一群人生了根一样坚定,他们笃信天下兴亡,匹夫有责的古训,立志要挽救自己的祖国。1942年6月25日,云南省政府正式委任62岁的张问德为腾冲县县长。张问德没有料到,作为逃散难民的他,在风声鹤唳之际,被委任为腾冲县县长。在国难当头,危亡在即的生死关头,他毅然决然,驰赴瓦甸,组织临时政府。"抗战到底,步步前行"。张问德是这样说的,也是这样做的。张问德领导腾冲人民从民政、军事、教育、财政、粮食、建设及其他等六个方面来"减除民众痛苦,安定生活秩序,辅助国军作战以期收复腾冲"。期间,张问德先生还撰写了著名的《答田岛书》,以显示对日寇抵抗到底的决心。

"鞠躬尽瘁,死而后已"

1942年5月9日,深夜里,忽然有几个兵来敲门说:"快起来走呀!日本鬼子要进城来了。"张问德14岁的女儿张慕兰从梦中惊醒过来,开门一看,成千上万的男女老幼奔走着,黑压压的一大片,有挑着担子的,马驮着的,扶老携幼,小孩哭叫着,乱成一团,大家争先奔走。这时张问德对大家说"快、快、快!空着手走吧!"他们就这样离开了家,一直走到邵大营。张问德后来在自述中说:"龙陵沦陷,腾冲继失,携眷出走,家藏累世图书、金石、书画、名人墨迹因动荡而遗失殆尽。"

日军进入腾冲城后,烧杀抢掠,强奸妇女,无恶不作。张问德先生说:"两月以来,敌寇所致,庐舍为墟,财货悉遭其掠夺,妇女宁免于奸淫,流亡载道,横尸遍野。""昔日家庭化为碎瓦颓垣,荒烟蔓草。"日军还不时到附近村子里骚扰,抓鸡摸狗什么坏事都做。张慕兰回忆,为了避免被敌人抓住,"我们一听到村子里的鸡叫狗咬声就知道鬼子来了,就迅速跑到房子背后的山沟里躲避。父亲叫我把脸抹黑,我就用锅烟子往脸上抹,让他们分不出是男还是女"。《腾冲沦陷记》说:"敌军在城,毁屋破壁,常以家具木器炊薪,或拆屋搬往防守地点以筑防御工事。六保街至四保街之铺内将屋内墙壁打通,可以由屋内通行,不须经过街面道路,市内住民除汉奸流氓外，不论壮年老年，每逢毒打或捕往禁闭，青年人有被其活埋者，有被刺刀杀死者，有被用水灌死者，有被火烧者，东街某妇等，曾被其十余人轮奸，北门街某姓妇女被其奸死，某某等四十余和五十余龄之老妇，亦被奸污，某某女教员，被其二十余人之轮奸唉！……太多了！！"

以腾冲"救火"县长张问德为代表的反对日寇侵略的士绅，被称为"抗日县长"。"中国那句讲了上千年的老话应验了：疾风知劲草。日本人将来未来之际，真如一阵狂风，轻一点儿的都飘走了，偏就有一群人生了根一样坚定，他们笃信'天下兴亡，匹夫有责'的古训，立志要挽救自己的祖国。这群人的带头者是几位我们习惯于称为开明士绅的人物，站在最前面的就是62岁的退休老干部张问德和小他几岁的刘楚湘。今天返回头看腾冲，真是惊异那个时代的偏僻边城人杰地灵。张问德与刘楚湘都不是等闲之辈，张问德在此前已任过一个县的县长，这时已经退休了。而刘楚湘更是自青年时代就外出求学，再返家乡创办现代学校，曾被选为民国第一届宪法起草委员会委员、国会议员，曾怒斥曹锟贿选于北京，名动当时。可惜的是，权力不在他们手上，否则，腾冲抗敌的光荣故事就绝不止于几位老人了。"

张问德、刘楚湘等一群人，他们熟读这座古城的历史，知道这座石砌就城墙的古城四百年间从未危如今天。他们都曾年轻过，都曾将年轻的生命投身无数人绝死而成的共和，可共和成功31年之后，中国竟未见得比腐朽的清朝更强大，连远在天边的腾冲都要陷于倭寇之手了。他们心里的凄凉，远非今天的我辈可以体会万一的。难能可贵的是他们血液里那种叫作"士"的气节，但凡中国的读书人，一旦从骨子里自诩为"士"，那便抱定了舍生取义、杀身成仁的信念，宁可死也不能让自己和国家蒙羞。

"一个甲子之后的我们，就好像站在历史的彼岸，远远地看着这几群人。他们前后相隔只有几十里，不过一天的脚程，但他们的背影，则会千百年留在这个民族的记忆里。

"日本人所以要占腾冲，就是为了阻断中国军队绕开惠通桥，从南北斋公房过高黎贡山，抄滇西日军的后路。那个时候，除了滇缅公路，能过山的只此一途。所以，城里真逃难的百姓不往东走，他们明白日本人一定往那边打。而凡是往东、往高黎贡山方向走的，都是有见识的人，不过有的是知道自己逃得过江去，如龙纯武和邱天培；有的是根本没打算逃，而要依托那座大山，把政府的牌子重新挂出来。"

5月12日，预二师师长顾葆裕奉命驻防腾冲北部。6月5日，预二师副师长洪行于江苴召集地方士绅，成立临时县务委员会，执行县务，以刘楚湘为主任委员，张问德、赵宝贤、董友芹等为委员。县务委员会成立后，发表《腾冲县务会通告腾城沦陷经过》书，让世人明了腾城陷落的经过及其原因。同时，集中人力物力，计划在凤瑞设干部训练班，以训练乡镇保甲长及失学之男女青年；组织物资调度委员会，抢运沦陷区货物，救济难民。

历史，往往会出人预料！6月25日，省政府正式委任62岁的张问德为腾冲县县长。张问德没有料到，作为逃散难民的他，在风声鹤唳之际，被委任为腾冲县县长。消息传来，亲旧纷纷劝其不能再担任此重任，妻子儿女当场痛哭，认为他衰老年迈、力乏体弱。可张问德不顾年老体衰，对大家说："事势如此，其如乡国何！吾非巧于仕进而善于趋避者，读圣贤书所学何事？见义不为无勇。死生已置之度外，行止非人所泥。如果成功了，是得天助；如果失败了，死而后已。"短短数言，掷地有声，振聋发聩。在国难当头、危亡在即的生死关头，他毅然决然，穿上破旧皮衣，骑着瘦马，拿上半肩行李，驰赴瓦甸，即今界头组织临时政府。

7月2日，张问德在瓦甸正式宣誓就职，出任腾冲县县长。据说他在就职时有誓词曰："德出生边地，一介书生。国家有难，心如火焚，哀我故土，难禁泪淋。今日受命，秉诚于心。随军抗战，决意牺牲。誓死报国，施教于民。支援军队，万众一心。团结各界，忠奸区分。边城重地，岂容侵吞。二十六万，民为后盾。收复家园，埋葬敌军。

张问德领导的抗日县政府主要驻地——界头

告慰先烈，九泉欢欣！历史重任，双肩担承。抗战到底，步步前行。特此宣誓，言出行遵。"

而他在7月2日给云南省政府主席龙云的就职电文中说："我从卸任昌宁县县长以来，衰老加剧、疾病不断，闭门谢客，不问世事，于兹三载，五月十日腾城沦陷，家破流离，遭敌蹂躏，悲惨绝伦，徒以匹夫有责，义愤所激，万难诿辞。忆马援据鞍之年，即问德投艰之日，自当贾其余勇，号召乡人，死中求生，硬干苦干，协助戎事，力图恢复。"不论是哪一种说法，我们都能从中体会到张问德先生书生意气、浩然正气、真诚爱国、誓死抗敌。

然而，就职后不久，就有投敌者对张问德县长非议的。张问德在7月5日《就职告父老书》中曾提到：有的说，他已年老，学一学诸葛亮的苟全性命于乱世，就应该满足了；有的说，他本狂人，像阮籍一样在山林中吼一吼就行，还要再干什么；有的说，他家眷繁多，流离困苦，因此忍辱以待复苏；有的说，他的财产都在城中，弃之不忍，因此含垢以待来救。张先生再次表明："覆巢之下自无完卵，国破则家亡。皮之不存，毛将焉附？安知掠夺奸淫不为前车之鉴，而况流离屠戮已属明镜之悬。在这样的情形下，苟全性命或只想吼一吼也不可能；而忍辱含垢是不明智的。……私底下我自认衰老多病，不能对抗战救国起到什么作用。徒以国家兴亡，匹夫有责……是德于地方亦唯有鞠躬尽瘁，死而后已。"张先生真是一片诚心，为国为民！

"抗战到底，步步前行"

"抗战到底，步步前行。"张问德是这样说的，也是这样做的。腾冲县政府"以减除民众痛苦，安定生活秩序，辅助国军作战以期收复腾冲为第一义"。张问德领导腾冲抗日县政府减除民众痛苦、安定生活秩序、协助国军抗战的措施及其原因、成效主要集中在其所撰写的《三十二年度工作报告书》和《反攻腾冲前后情形报告书》两份报告中，其中某些方面至今仍有借鉴意义。

张问德领导腾冲人民从六个方面进行努力。

一、民政方面

第一，改变乡镇保长铨选办法，废区设行政督导。乡镇保长最接近民众，且乡民智识浅薄，最容易受乡镇保长压迫。在战时战地，乡镇保长人选如失当，则人民痛苦无法解除，且亦最易贻误时机，难收合作之效。县长为本地人，对于各乡镇绅民贤良与否，深为明了，故将各乡镇保长一律改为民选。且以田赋奉免，财政支绌，县政府对各乡镇无津贴能力，对于各乡镇保的款项收支是否公允，很难确切明了，乃令各乡镇于每半年或每三个月，由各学校校长、保甲长及士绅，共同开会核算一次，如各乡镇保长有舞弊压迫事情，准予检举改选，所有改选人员报由县政府核委后，即开始执行职务。乡镇保长任期暂定为一年，除因过度劳苦，经地方同意予以改选外，大多数均能获得民众信仰而予连任，其工作收效明显。

腾冲前曾废除区制，县政府自成立以来，因鉴于情况不同，而各地因战事影响，其性质各异，故恢复区制，以期易于收效。然以经费问题而有摊派之事，因感于多一层中间机关，因经费来源问题，自必加重人民负担，故于1943年8月将区署废止，另设行政督导员督导区务，由政府支给薪公旅费，以免人民负担。1943年10月，腾北守军第36师之两个团陷入重围，因第四区行政督导员王大纲及第五区凤瑞乡长吉济美之努力，突出重围，均能获得第十一集团军总司令宋希濂之嘉许。

至于沦陷地区之乡镇保长，亦如上述方法产生。然以地方情形不同，处于敌伪压迫下，故所望于沦陷区乡镇保长者，则为搜索正确情报，掩护我便衣及游击行动，只要不借敌伪势力压迫民众，且能减除民众痛苦者，均予以鼓励，其有投敌者，即予撤办。这项措施既能保证选出廉洁、有能力的领导，提高办事效率，树立政府良好形象，减少民众痛苦，又能在不增加人民负担的情况下，加强上下间的联系，提高了人民抗战积极性。

第二，训练基层人员。自游击军兴，原有受训学员不敷分配，且经民选者又大半对于抗战适应能力不足，乃召集乡镇保长及地方有为青年，成立县政府人员训练培训班于界头。然为训练上的便利，并入预二师倡办的腾冲战时工作干训班，改编为第一队，有学生125名，于1942年7月2日开学，8月21日毕业。虽军事如谍报、破坏作业及游击战术等有相当基础，然而于地方行政上之素养，仍感不足，遂重新成立腾冲行政人员训练班，继续训练。一个月后，因"九一八"战役起，未能卒业，应乎当时需要，先行派遣回乡服务，于11月下旬又重新召集，补训两星期，毕业人员计96名。

1943年9月，因鉴于反攻在即，将来地方行政中心，除以军粮供应及情报、向导与人力输送协助反攻外，实以复兴地方为主，建设性较大，拟再召集乡镇保长与初中毕业及肄业之学生实行训练，对户口调查、保甲编组、民选事宜、兵役行政、禁烟行政、村政改造、生产事物、学校复兴、田赋管理等项，拟定实施程序及方法，以为讲授课程。这项措施提高了基层人员的素质，对于协助抗战及恢复生产、改善民风等起到了重要作用。

第三，开展户口调查，实行凭证居住、凭证通行制度，以防奸防谍。腾冲原有约6万户，26万人，沦陷以后情形复杂，为防奸谍活动起见，先于安全区域实行户口总清查，以为实施防奸连坐之基础。当时进行以人才缺乏，每次清查需时较久始能完成，然战况起变不常，均未能彻底完成。1943年7月，得第11集团军第二工作大队之助，各由保甲长督同调查，于一星期调查完毕，调查区域暂以曲石江以北、固东河以东、碗窑大河以北、古永河上流为限，包括第四区古永乡、瑞滇乡、明龙镇、东屏镇及三益镇之一部，第五区凤瑞乡、宝华乡、曲石乡等八个乡镇，计有21345户，115723人。其余各乡镇系属半安全区域者，则视军事进展情形，逐渐推广调查区域。

随户口调查而实行之制度，除告密及保甲连坐外有二：一为凭证居住制度，即于户口调查完毕以后，每人发给布制居民证一个随身佩带，以备检查，内将持证人姓名、性别、年龄、居住地址、职业、职业住址、家属、保甲番号等完全详细记入，如无居民证者，即予究办，如持证人有汉奸嫌疑者，连保人亦同样负责；另一则为凭证通行制度，持有居民证者，得在安全区域内来往，惟须先向各保甲长申请通行证，证内载明通行证使用人姓名、性别、年龄、住址、乡保甲名称番号、职业、通行起讫地点、经过道路、携带物品、通行日期、拟驻留地点户主及预定返回日期等项，途经各地之检查哨，即将通行证及居民证交付检查、登记、放行，到达驻留地时，即先向当地乡保甲长报到，由乡保甲长依照情形制订住宿地点，至预定返回日期时，亦由乡保甲长签字盖章，记载起程日期返家。自此两制度实行以后，腾北各地汉奸活动即告绝迹。日寇于1943年10月，所以发动万余兵力以扫荡我腾北守军，实由于奸谍不能活动，无法获得正确情报，以致判断失误。

第四，禁烟。腾冲社会商业繁盛，然以邻接密支那、八莫之故，商业金融完全受缅甸市场刺激。缅甸山岳地带普遍种植鸦片，对潞江西岸禁烟工作影响较大，一般山头夷民在生活上，完全以卢比硬币即俗称小洋者为交易媒介，于是生产作业遂与缅甸北部山岳地带居民相同，而大量种植鸦片。以前长期努力铲烟及禁种，工作虽未臻完善，然大体成绩尚佳，至缅甸失守，腾龙沦陷以来，初因土司地夷民受土司压迫种植鸦片，继则受敌伪压迫种植鸦片，其区域以槟榔江西岸山地为主。1942年，此种现象尚不显著，1943年则已日加激烈，且常因战局变化，槟榔江上游变为半安全区域，敌我弃守不常，故于禁烟尤其禁种感觉困难。然亦分别选择地方较为腐败之士绅，平时对于禁政赞助不利者，委为监禁委员，齐之以刑，以加重其责任，分别协助乡保甲长严禁种植，并利用检查哨检查，禁止运售，利用保甲检查，禁止售吸。

关于以前种植鸦片的地区，据梁河设治局长封维德的实验，废罂粟田800亩，改植茶树30万株，情形极好，另据研究植桐亦宜。在茶桐已种而未能获利之三五年内，须充分考虑夷民生计。这项措施，对减少腐败、走私，净化社会风气有重要作用。但自1943年10月腾北沦陷，日寇压迫人民种植鸦片，以前种植最盛之区，如大塘、龙江、蒲窝、河西、盏西、古永一带，均已种植；且自沦陷以来，前已戒除的烟民，往往利用敌人突破时期重行吸食。所以，禁烟的成效并不大。

第五，保安。腾冲沦陷时，地方团队无形解散，在县政府尚未成立以前，国民党军队及敌人均未达到之地区，曾有抢劫发生。1942年5月30日橄榄寨战斗结束，预二师移防腾北，县政府在瓦甸成立后，地方保安大都由驻军负责，然地方本身之努力，亦有下述数项：

成立检查哨。检查哨之成立，原以防奸及防毒为主旨。在1942年始行凭证通行制度之初，对于监盘盗匪，警戒非常，亦收益外功效，遂因检查哨之设立，实施分区防盗。

成立便衣队。便衣队之成立，原有两种作用：在半安全及沦陷区，则用于搜索情报、防范奸谍；在安全区，则用于禁戒盗匪。除检查哨外，对于地方治安，便衣队也起到作用。

县政府成立之初，鉴于自卫力量毫无，在战地不易应付非常，且为县政易于推行起见，对于自卫队、政警队、警察局均感觉有成立之必要。然以经费来源无着、兵源困难，乃分别酌减人数，成立自卫队一队、政警队一队、警察局一所。

自卫队。计有列兵40名，与县政府同日成立，7月7日召集完毕，开始训练。然以械弹缺乏，仅能完成徒手教练。"九一八"之役，自卫队兵均系本地人，既无枪械，失去自卫能力，遂予遣散，分派各地区之国军作战部队充任向导，伙食由配属部队自行设法维持。

警察局。与县政府同日成立，于7月7日执行警察业务，在腾冲沦陷之初，界头、瓦甸、固东等乡镇商业特别繁盛，警察局仅有警察16名，完全用以巡逻维持街期秩序。一般警察均系就地取材，未能受完善之训练，然于服务上，尚能满意，而于户籍交通上，顿感吃力。1943年"二一四"战役以后，腾北市镇大部被敌焚毁，行政经费已成为赤字，暂予解散。

政警队。亦与县政府同日成立,最初有20名县政府警卫及勤务,每次战役均有淘汰,1943年10月县政府转移漕涧,仅余4名。

第六,整理积谷,放存粮于民。腾冲沦陷过于仓促,当时积谷仓存有多少,以未据交代无法明了。至县政府成立时,腾南富庶区都已沦陷,存谷虽经历次派员清查,但均未完毕即为战况所阻。缅甸撤退国军、难侨既已消耗于先,敌寇、奸伪又复抢掠于后,政令难以到达之区,为不肖仓正吞噬者亦不少。1943年2月之役,腾北大部分积谷又经奸伪指引,敌寇焚掳,曾考虑移运出境以保安全,为力所不及,于是趁春季荒旱之时,将所余存者,不分沦陷区域、半安全区域、安全区域,一律放借于民,寓保存于救济,并鼓励民众举报仓正舞弊事实。整理积谷虽不利,但放存粮于民改善了人民生活,增加了民间存粮,为以后反攻储备了粮食。

第七,救济事业。自仰光失守、曼德勒继陷以后,除滇缅公路外,由腾冲通密支那及八莫之旧有大道上,侨胞已有回国者,当时秩序尚为良好。继而商会出面,对回国之伤兵及难侨予以物质上之协助,因商会及士绅倡导,人民多自行为之,故当时民间风气,并不低于"一二八"或"八一三"的上海。

腾冲既陷,救济事业失去中心,且因当时战事重点在腾冲以东之橄榄寨,撤退国军系第5军200师及军野补团,由红蚌河进入国境,蛮允由许本和、太平街由刘金生、新城由刀保图供给军粮,以后进入腾冲县境,军粮由河西、中和、古永、瑞滇、明龙、凤瑞各乡镇供应。由固东东渡潞江者近20万人,食宿多由各地乡保公所及民众供应。

1942年7月,县政府成立,与驻军共同设立难胞转送站于古永、固东、江苴及桥头四处,经济能力尚充足,对回国侨胞在行动上予以便利,大多数均发给米盐及少量之金钱,遣送渡江。后因救济范围亟须扩大,乃纠合地方士绅及前救济院负责人,组织腾冲战时难民救济委员会,从事筹集款物、衣服、药材等,并于界头成立难民诊所,免费发给药物,组织巡回医疗队,于腾北根据地巡回医疗。1942年冬季,举行冬赈。然以交通梗阻,物资缺乏,

无家可归的难民

日常生活用品价格呈几何级数日渐上涨,故东赈效果未能达到预期目的。

1943年"二一四"之役,敌寇扫荡,腾北所有重要市镇桥头、界头、瓦甸、固东、碗窑、阿辛街、滇滩、银盘街全毁,小新街、古永、曲石被一部,仅江苴及明光营盘街免能完好,所有市镇附近村寨,亦皆被毁无余。事后经县政府派员,会同预二师及难民救济委员会查勘灾情,计家屋被毁无家可归者,有1034户,被敌杀害之居民,包括壮丁、辅助作战殉难者在内,有147人。

以灾情过重,非地方能力所可赈济,于是先后呈电省里请与救济。然而公文往返需时甚久,乃于1943年3月,趁中国远征军司令陈诚诏赴大理参加会议之便,向大理、下关腾蓿商号筹集赈款100万元。当时仅能获得现款50万元,均以直接由灾户领受为原则。此第一次之50万元,即由救济委员会自灾户最多之凤瑞乡发放,依次发向北区各乡镇。不意预二师交防,36师尚未接防完毕,敌人发动攻势,战事逐渐转移至马面关附近,仅能完成北区赈款发放。计发放赈款53.1万元,此3.1万元之数,由县政府垫付。此后下关集款另50万虽屡次催促,始终未解到,故西区之赈款遂不能发放,且因此而引起西区土劣假借23村难民名义,诬放赈人员吞没赈款50万之不愉快事。1943年10月腾北沦陷后,另50万始由下关商号集齐,存放银行。又中央赈委会拨发赈款100万元,初由11集团军司令宋希濂汇交36师20万元,于1943年10月10日,由军政双方会同各乡镇长发放，亦以腾北战役而被中断，赈款尚余70517元未发完毕，暂由县政府保存。其余80万元，虽说分配腾北40万元，但未领到。

腾冲盐引原属云龙，自腾冲沦陷以后，原有盐务机关即告停顿，腾冲食盐曾一度陷入恐慌。于是投机商人，以云龙井盐运入腾冲高价出售，最高价格曾上涨至每两国币6元。一般贫民无盐可食，乃由县政府纠合下关商人筹集资本，向云龙盐场交涉，自抄食盐1400担运来腾冲出售，每两定价二元四角，盖除本金、运费及公卖店之必需开支外，不去余润。在户口调查的基础上，实施计口授盐制度，贫民食盐问题以获解决。

腾冲沦陷，田赋奉免，地方经费无着，救济事业除募集外，实际其他方法很少。然私人赈济亦有可述者，其捐献布匹、粮食、金钱等项常达数百万。通过政府和私人救济，减轻了撤退回国侨胞、国军的困难，同时缓解了腾冲人民衣食住等生活上的困难。

第八，对敌伪及沦陷区之事项。县政府成立后，首在争取沦陷区民心，并任合法乡镇长执行职务，从事情报工作，其次则以食盐交由沦陷区乡镇长出售，借此表示对沦陷区民众并未忘怀之意。然一切措施，均不及敌人枪刺之压力，故关于敌之任何征派，沦陷区民众均无法拒绝。于是县政府之期望，仅在使沦陷区能保留若干人力及物力，以供将来反攻之用。而对于群伪，亦期望能不苦无辜民众，以其现有不法地位，予我谍报工作以便利，故曾历次发布告书希望觉醒，收效虽不如预期圆满，但能达到一些微小效果。

军民合作，本以军政两方坦诚相处为基础开始。自腾冲游击军兴以来，军政两方团结无间，故军民合作的表现，被军队方面久经战役的人，誉为"八一三"以后军民的努力，成为敌人的一大障碍。同时，沦陷区民众，对县政府信赖依然如故。"想必抗日政府的存在让日本人的统治难以稳固。有个日本人出场了，他叫田岛寿祀，时任职务相当于日本占领军派驻腾冲的行政长官，比汉奸县长的官大。他号称热衷中华文化，为了融入当地，还不顾老家已有妻室，聚了一位腾冲姑娘做老婆。他找到一个略懂古文的汉奸，按照他的意思，给张县长写了封信，约老县长见面聊聊。他想必事先了解过自己的对手，这位六十多岁的退休流亡官员，究竟凭什么背景，敢和强大的占领者作对，关键是，老百姓还听他的。田岛的来信写得磕磕绊绊的，拟稿人的古文底子着实不好。熊文定老人说，写信的人好像是伍老歪他爹，伍老歪是个汉奸。"这样，腾冲敌行政班本部长田岛，于1943年8月31日发函张问德要求会晤。

"熊文定先生深情地回忆着当时的情景。那是1943年的9月，腾北抗日根据地处境艰难。在腾冲民间风俗'送亡'后的一天，便衣队传来一封信，白纸封的，打开时，里面包着三四层纸。不一会儿，我们就听到张县长哈哈大笑，感到很奇怪，因为张县长平时不苟言笑，我们从来没有听见他这样大笑。县府秘书长费云章问：'老县长，有何喜事？'张县长笑着对我们说：'好事，田岛来信了，田岛邀请我去会谈呀！'费云章说：'老县长，去不去？'张县长还是笑着说：'田岛来请，要去，要去！'我们都吃了一惊。接着，张县长敛起笑容，严肃地说：'这是汉奸搞出来的怪事，是动摇军心民心，是诱降！我怎么能去会他？到我们直捣东京时再会谈吧！费秘书，你说怎么办？'费云章说：'不去就回信吧。'张县长说：'要回，要驳斥他！'说罢将信丢在桌子上，让县府人员轮流看。"其内容如下：

崇仁县长勋鉴：

久钦教范，觌晤无缘，引领北望，倍增神驰。

启者：岛此次捧檄来腾，职司行政，深羡此地之民殷物阜，气象雍和，虽经事变之来，而士循民良、风俗醇美之美德依然俱在，诚西南之第一乐园，大足有为之乡也。惟以军事未靖，流亡未集，交通梗阻，生活高昂，彼此若不谋进展方法，坐视不为之，所固恐将来此间之不利，其在贵境亦未见为幸福，徒重困双方人民，饥寒冻馁坐以待毙而已，有何益哉？职是之故，岛甚愿与台端择地相晤，作一度长日聚谈，共同解决双方民生之困难问题，台端其有意乎？如不我遐弃，而表示同情，则岛兹先拟出会晤办法数事，征求台端同意解决。

一、会晤地点，定在腾属之小西乡董官村之董氏家宗祠。

二、谈话范围绝对不许有一语涉及双方之军事问题。

三、为保证第二项之确实起见，双方可用监事员一人在场参加谈话。

右列三事，如台端具有同情，予以同意时，请先期示复。会集日期，可由台端决定示知，以便岛先时候驾。至台端到达此本境以后，生命、名誉之安全，由岛负完全责任。最妥请不带兵卫，不携武器为好。如万一必须带武装或兵士侍卫时，亦无有不可，则兵数若干，枪械子弹若干，请预先示知，以免发生误会。总之，兹事双方系以诚恳信义为前提，请不须少有疑虑。岛生平为人百无一长，惟"不欺不诈、推诚接物"八字，则常用以自励。凡事只要出岛之中心乐从而出诸口者，虽刀锯在后，鼎镬在前，亦决不致有一字之改移。苍苍在上，言出至诚，台端其有意乎？临颖神驰，不胜依依，并盼回玉。

大日本腾越行政班本部长上

昭和十八年八月三十一日具

章东磐则是这么分析的："今天的许多人都说此信是劝降信，我不太赞同这样简单的注解。因为从来没见过劝降信这样写法的。田岛寿祀即便算不上中国通，起码也了解像张问德先生这样的人，只要选择了不妥协，是死都劝不回来的。所以，他在信中撩拨老人最易触动的那根弦，他要和张县长谈民生。他说，因为张县长和他各据一方，因此使这个士循民良，风俗淳厚的西南第一乐园日子不好过了。他把人民惨遭苦难的道德责任甩给抗日政权，然后对张县长说，要是你和我都不想办法救民于水火，这个美好的地方就全毁了。怎么着，您看着办吧。

"时间没有什么特别意义，所以他让张县长定，反正老张不来，他待在哪都一样。地点他选在离城不太远的董官，那里与抗日武装出没的游击区隔着县城，是日本人的地盘。然后，他拍着胸脯保证张县长的安全与名誉，他说自己一生一世，都是个实在人，用锅煮了自己都说话算数。此话一旦讲出来，就呆站着等张老先生回音了。

"田岛此信其实真不是劝降这么简单。他知道降不用劝，因为劝不降。他此信的真实目的只是想让张问德先生拿他当盘菜，来了是承认占领者可以对话，不来他大肆对城里百姓讲，死心吧，你们那个县长根本不过问你们死活。只要张先生来了，或回了信借故不来，再或者根本不回信，占领者都在合法性上加了分。阴吧？！"

对此事，张问德先生在报告里则说："据敌方之宣传，此为'对腾冲人民生活痛苦之坦诚的关怀'表现，一方面借以离间军政两方之团结，一方面借以动摇县政府之信誉，一方面借以示'善意'于人民。用意甚为恶毒。"张先生在《偏安腾北抗战集·通论》里则说的更具体："此事盖彼投附敌伪者使之然耳。函稿系由李子盛与伍××共拟，其初意以为苟能诱余至董官村，则不难使一般民众闻风归附，而摇动腾北人心，更以余为驻军所倚重于腾北者，必将解体而失所望，遂其投附而与之作政治及经济上之结合，必将因此而永固腾冲，使国军永无力量恢复潞江之西岸国土，其用心已可概见。"又张先生在报告里说，腾冲沦陷早期，敌人用伪组织人员撰写的电文及言论，引诱我方行政人员投降，然此举并无何效力。敌乃改以枪刺为其后盾从事压迫，而以抢掠所得物资引诱人民为其服务。从这看，田岛来信不仅是劝降，更多的是引诱张先生赴会承认其统治地位，以此作为宣传民众的资本，同时达到瓦解军民合作的目的，但不可否认有诱降的成分。

"在最初听了腾冲抗日老县长的故事后，我第一个感谢的人就是这位田岛寿祀，幸亏他的这封信，让张问德这位退休县级干部的英名一夜之间传遍九州。卖弄中国古文的这位鬼子，帮助全中国沦陷区的不屈官员们树立起一座比金子还夺目的榜样。这些后果，是他那点小心眼儿打死也想不到的。

"另一句中国老话又让张县长印证了'板荡识忠臣'，这句话有意思在这个'识'字。因为历来中国忠臣不少，但相当一部分是愚忠的，大难来临，除了尽忠死节，基本对挽狂澜于既倒不起什么作用。但德才兼备而且忠勇有谋之辈就不同了，当然这样的人物本来就少，腾冲有幸，本已赋闲的老县长张问德就是一位。"

熊文定回忆，收到来函后："张县长召集县府职员有关人士开会，他说，田岛来信居心叵测，是招降。我堂堂皇皇中国县长，读过圣贤书，绝不背叛国家民族，要和大家一起抗战到底，彻底消灭侵略者！接着，张县长安排县府人员，分头到各乡调查，将日寇在腾冲烧杀抢掠的罪行详细统计后交给费云章。"张问德经长时间研究，并得到驻军同意，于9月12日复函驳斥，同时分报，分令无论地方性质属于安全区、半安全区、沦陷区乡镇保甲长及人民，一体告知，以揭发敌人所预期心理战效果。张问德的回信后来被称为《答田岛书》。

奸伪对张问德的《答田岛书》不以为然，并大肆宣扬张问德已死的消息。张先生在《偏安腾北抗战集·通论》里说："余既已严函驳斥田岛，而彼等遂笑余为脑筋陈腐，不解时势之趋向，复大散流言，谓余已登鬼箓，相聚鼓掌欢笑不已，甚至有关亲戚闻而泫然者，剪纸招魂者，为位献饭者，而不知余尚犹健在人间。"

事实上，《答田岛书》是一篇义正词严、慷慨激昂、震古烁今的抗日檄文，它告诉所有的同胞，也告诉敌伪，即使在暂时沦陷的中国国土上，中国人民也绝不甘心做亡国奴，绝不会投降，绝不会顺从，因为我们有像张问德这样的人带领着人民对侵略者做殊死抵抗。《答田岛书》闪烁着威武不屈的民族精神，展现了富贵不淫的民族气节，宣示了百折不回的民族斗志。《答田岛书》很快像风一样传遍中国,《中央日报》《大公报》《扫荡报》《朝报》等全国各大报纸纷纷全文转载了这封非同一般的外交信件,引起了巨大反响,鼓舞了腾冲和中国所有沦陷区的人民抗战到底的决心和信心。《答田岛书》已成为中华民族宝贵的精神财富被载入史册,千秋传颂。张问德先生以《答田岛书》成为有口皆碑的"抗日县长""沦陷区骨头最硬的县长"。1943年底,军政部长陈诚代表蒋介石亲自召见张问德,给予慰勉,赞誉他为"全国沦陷区五百多个县长中之人杰楷模,不愧为富有正气的读书人"。蒋介石亦书赠"有志气之读书人"之匾。张问德复函内容如下:

田岛阁下:

　　来函以腾冲人民痛苦为言,欲借会晤长谈而谋解除。苟我中国犹未遭受侵凌,且与日本犹能保持正常国交关系时,则余必将予以同情之考虑。然事态之演变,已使余将可予同情之考虑基础扫除无余。

　　诚如阁下来书所言,腾冲士循民良,风俗醇厚,实西南第一乐园,大足有为之乡。然自事态演变以来,腾冲人民死于枪刺之下,暴露尸骨于荒野者,已逾二千人,房屋毁于兵火者,已逾五万栋,骡马遗失达五千匹,谷物损失达百万石,财产被劫掠者达五十亿。遂使人民父失其子,妻失其夫,居则无以遮蔽风雨,行则无以图谋生活,啼饥号寒，坐以待毙，甚至为阁下及其同僚之所奴役，横被鞭箠，或已被送往密支那，行将充当炮灰。而尤使余不忍言者，则为妇女遭受污辱之一事。凡此均属腾冲人民之痛苦，余愿坦直向阁下说明，此种痛苦均系阁下及其同僚所赐予，此种赐予均属罪行。由于人民之尊严、生命，余仅能对此种罪行予以诅咒，而于遭受痛苦之人民予以衷心之同情。

阁下既欲解除腾冲人民之痛苦，余虽不知阁下解除之计划究将何如，然以余为中国之一公民，且为腾冲地方政府之一官吏，由于余之责任与良心，对于阁下所将提出之任何计划，均无考虑之必要与可能。然余为使阁下解除腾冲人民痛苦之善意能以伸张，则余所能贡献于阁下者，仅有请阁下及其同僚全部返回东京。一如阁下所要求于今日者，余不谈任何军事问题，亦不带携有武器之兵卫，以与阁下及其同僚相会晤，以致谢腾冲人民痛苦之解除，且必将前往靖国神社，为在腾冲战死之近万日本官兵祈求冥福，并愿在上者苍苍赦其罪行。苟腾冲仍为阁下及其同僚所盘踞，所有罪行依然发生，余仅能竭其精力以尽其责任，他日阁下对腾冲将不复有循良醇厚之感。由于道德及正义之压力，将使阁下及其同僚，终有一日屈服于余及我腾冲人民之前。故余拒绝阁下所要求择地会晤以作长谈,而将从事于人类之尊严、生命更为有益之事。痛苦之腾冲人民将深切明彼等应如何动作,以解除其自身所遭受之痛苦。故余关切于阁下及其同僚即将到来之悲惨末日命运,特敢要求阁下作缜密之长思。

大中华民国云南省腾冲县县长
大中华民国三十二年九月十二日

"我第一次捧读这篇被后世称作《答田岛书》的信札,遥想那位须发皆白的老人在抗日战争最艰困的岁月里,用自己的笔墨向敌人展现出泱泱中华的伟大气魄和自己的民族必胜的不屈信念,一时荡气回肠,泪如雨下。

"张县长一把就撕掉了田岛诈求合法性的企图,告诉他,你们没来的时候我们好着呢!我怎么可能和你这个侵略者对等谈话呢?你没资格呀!然后历数了日本军队在腾冲的种种兽行,那是老县长根据各乡的报告汇总而成,有根有据。他让鬼子知道,这些账,我们记着呢。老县长说,要让腾冲恢复民生很简单,你们回去就是了。而且全中国的日本人都回去之后,我张问德愿意亲去东京,和你们一起安抚战死在本县的日本军人,宽恕他们,帮他们魂归故里。

"老县长说,你们一天不走,我就得尽职一天,那就是坚决地抵抗,打到你们失败的那一天,全腾冲的人民会和我一起干这件事。而且,这一天就快到了!因此,想想你们自己的结局吧。

"我真是衷心敬佩这位六十多年前的老人，能有那样坚定的信念和洞彻大局的预见。就如同在漆黑如墨的夜中醒来，手边没有钟表，你能准确地预知何时天明吗？多少人被这黑暗蒙蔽了，以为黑暗的岁月比自己的生命还要长久，所以选择了屈服。可当时已经62岁的花甲老人张问德没有丝毫的动摇，他坚决地告诉敌人，中华民族的胜利就要到来了。

"果真，就在此信发出后整整一周年，腾冲光复了。这座城是中华民族近百年反侵略的历史上第一座被中国军队收复的县城。"

二、军事方面

自1942年5月16橄榄寨战斗开始以后，人民协助作战仅出于个人行动或少数志同道合者，于方法上、时机上、作为上并没有组织协调。虽然这样，军队也便利不少。其后开展各项措施：

第一，设立联乡办事处，组织便衣队。1942年7月2日，县政府成立于瓦甸。在县政府未成立以前，由地方组织之临时县务委员会，以县属原有五区划，分五个壮丁中队，中队长、中队副、区队长的人选，均由在乡军人及热心士绅充当。此项壮丁中队，在无敌人占领、无国军驻扎区域，则以维持秩序，在沦陷区域，则以协助作战、搜集情报及除奸为主。其后，临时县务委员会对县境以内各乡镇，分别情形，设立三个联乡办事处，第一联乡办事处设于瓦甸,第二联乡办事处设于顺江,第三联乡办事处设于蛮东,此五个壮丁中队即无形消失。县政府成立以后,乃在各乡镇成立便衣队,便衣队员额多少,视各乡镇在军事地位上的重要程度而定,甲种便衣队定为60名,乙种便衣队定为30名,丙种便衣队定为15名。此种便衣大半由乡镇保丁充当,并请驻军派员对搜索情报、破坏桥梁道路、袭击各项加以指导,其后为节省人力物力起见,将安全区内便衣队裁撤,改组为担架运输队。自腾冲沦陷以来,至腾北整个沦陷为止,各乡镇便衣队员,因辅助作战勤务而死者,近200人。联乡办事处和便衣队,对维持秩序、协助作战、搜集情报及除奸做了重要贡献。

第二,设立担架输送队。国军作战输力不足,后方勤务须赖军民合作处尤多,游击战斗中,此种趋势更为明显。原经设立便衣队之乡镇,在县政府能控制区,维持治安、防范奸谍已另有方法,乃将便衣队改为担架输送队。担架输送队之输送,除凤瑞乡因当马面关隘路,曲石乡因当林家铺隘路,往往因延长至潞江,其行程在三日以外,其余均为一日行程。此项担架输送所需人力兽力,均由各乡镇自行筹集,其数量亦

民众组织担架运输队支援抗日

因地理位置及军事需要上不同而有所区别。其在较为重要区域，则由邻接乡镇辅助。故曾任腾北游击部队，对此种人力兽力辅助，均感觉满意。担架输送队对于协助后方勤务，有积极作用。

第三，设立递步哨。在战时战地，通信器材缺乏，所有公文及情报传递，均感觉有中途遗失或迟滞的隐患，便依照陆军阵中勤务令递步哨所的规定，设立递步哨，附属于乡镇保公所。

第四，设置情报网。情报网设置可分三期。在"九一八"战役以前，敌人交通路线仅有腾龙路一条，据点仅有腾冲、孟连两地，故对于敌人的行动、工事、仓库及对沦陷区设施等情报搜集，均较容易。县政府与国军部队合作成立情报网，以朝阳寺、蛮东、猛柳三地为基点，情报搜集所亦设于各该地，与界头均以无线电联络，各乡镇保公所为情报组，以行搜集。"九一八"战役以后，打苴山、崀岈山、打鹰山之线我无力驻守，改守曲石江、碗窑、大河之线，同时蛮东我游击据点亦失，情报搜集所改设灰窑、碗窑、后头田及盏达大寨。"二一四"战役以后，盏达又复沦陷，原在大寨的情报搜集所改设于神护关附近。各乡镇保公所的情报组属于坐探性质，派遣搜集敌情，则各情报搜集所自行为之。然在"九一八"战役以后，杨吉品之便衣队逐渐得势，对我便衣活动妨碍甚大。因敌伪所利用者，为一种秘密社会组织潜势力，因之乃亦利用此一潜势力，打入奸伪，在情报上为另一系统,断绝横的一切联系,收效亦大。

第五,组织游击队。1942年8月24日至9月4日第一次蛮东战役,我军仅步兵两营战斗,士兵不足400人,而来犯之敌有1300余。然而是役经过良好,战果亦佳,河西、中和、明朗、鹤龄及印泉五乡镇出动民兵作战,近600人,使我原有防军得入重点作战。因此在无国军驻在区域,组织游击队独立作战,日渐迫切。且自"九一八"战役以后,国军无力驻守地区甚多,于是先自盏西一带成立游击队。

第六,优待抗属及劳军。腾冲沦陷以后,除以地方能力救济返国国军外,曾历次举办劳军。自1942年6月20日寺山寨劳军至1943年秋节劳军,以当时物价计算,已达国币180万元,其他各乡镇自行慰劳,虽经县政府发动而非县政府促成者,尚不在内。至抗战军人家属,虽因地方沦陷以及战况变化,使其生计逐渐趋于困难艰苦境地,而其所应享受之优待依然。

第七,组织军民合作站。在"五一四"战役以前,部队对地方人力供应颇多浪费,且部队生活待遇极低,物价逐渐高涨,甚至士兵最低限度的物质生活亦难维持,因此士兵与民众间之纠纷日起。在安全区,每一乡镇递步哨、担架输送队又头绪繁多,难收统一和谐之效。乃成立军民合作站于界头、瓦甸、江苴、固东、白石岩、古永等处,举凡军队借用物品、代购物品、输力供应、向导派遣等,并由军民合作站负责,由军队派政工人员维持秩序。其后因军民合作站之效用渐宏，关于民众协助军队事项，如破坏道路、构筑工事等，军队协助民众事项，如耕种、收获等，均由军民合作站负责。军民合作站与乡镇公所合并办公，主要工作人员由乡镇保人员兼充，借以减轻人民负担。自军民合作站成立以后，军民感情日渐融洽。

第八，概述历次战役经过，总结军事上的得失。腾冲自沦陷以来，所经之战役极多，平均每三天就有一次战斗。张问德先生概述了1942年5月16日至5月30日间的橄榄寨攻击战、1942年8月6日至10月4日之蛮东三次战斗、1942年9月14至1942年10月14之"九一八"战役、1943年2月10日至3月1日之"二一四"战役、1943年3月1日至15日之盏达战役、1943年5月8日至19日之"五一四"战役、1943年9月24日至11月17日之"十一四"战役等9个重要战役经过。

自1942年5月10日腾冲沦陷以来，县境至"十一四"战役全部沦陷。我方战略上未能重视腾北在反攻中所处之地位，实为失着。1942年5月15日预二师渡过潞江，向橄榄寨之敌反击，开始夺取腾冲战斗。当时腾境之敌仅有一个大队，尤以7月的机会最为难得，然当时驻地国军仅奉令游击，未能谋取收复，甚觉可惜。自1942年10月14日"九一八"战役以后，积极请求增兵，1943年3月1日"二一四"战役以后，在中国远征军司令陈诚所召集的大理军事会议上，亦要求增加一个师，以确保腾北，均已兵力无从抽调，未能实施。当时滇西在战略形势上，仅有腾北一隅可为将来反攻时之立足点,敌于此亦能深切了解,故对腾北我军屡屡扫荡。以我反攻呼声日高,遂于1943年10月初实行占领,于是腾北整个沦陷。之后,敌修筑公路,构筑工事,拟凭潞江及高黎贡山之天险,阻止我军之反攻。然历次战役,除"十一四"战役系以占领为目的,使用师团番号有三个,我36师之损失较重外,其余历次战役均能达到消耗敌人之目的。

张问德先生在《偏安腾北抗战集·通论》中精辟总结了腾冲完全沦陷的原因,其中有军事方面的因素,主要是由于不重视腾冲在滇西战局中的地位,以致屡屡贻误战机,导致腾冲全部沦陷。分析如下:1942年5月30日橄榄寨战役结束以后,敌人自知处于不利地位。1942年8月22日,柴崎伍长在和顺乡公所的谈话,今日当无人能予以记忆,其言有云:"华军包围我们,我们要死守待援。"盖其时预二师第5团在打鹰山、宠炊山、打苴山一线展开,第4团展开于大盈江及曩宋河之三角地带,第6团则控制曲石江、碗窑大河之线,如果当时预二师能以第4团侧击腾龙路自罗汉冲至腾龙桥间任何一点而切断,那么腾冲的敌人就在包围圈内。当时腾冲之敌不过400人而已,腾冲城四郊仅老草坡、来凤山有简单工事,确实是难得的好时机,只需阻止敌人增援而做十日真刀真枪战斗,即可收复腾冲。如果我军能增加两个步兵团兵力,那么战斗所需时间可更加缩短。然当时预二师并无如此打算,亦无其他准备,敌人为打开其被包围局势,发动1942年9月14日的

"九一八"战役,扫荡腾北我军。由此,大盈江及曩宋河三角地带固非我有,且打苴山、宠欱山、打鹰山之线与曲石江、碗窑大河之线间,亦成为敌我间缓冲地带。其根本原因,则由于我方有可取之形,而无可取之势所致。

既不能取腾冲以为侧击滇缅路张本,只有采取保守腾北,以为反攻间潞江西根据地的中策,此于1942年9月14日之"九一八"战役以后直至1943年11月17日之"十一四"战役结束为止,一年以来军事形势都是这样。为使中策放弃,而复采取取腾冲以为侧击滇缅路上策,张问德于1943年3月下旬赴大理军事会议的时候,曾向陈诚面请增加援军。然而当时我军腾冲力量,与希望的事实距离过远,他的目的不能达到。且因"十一四"战役腾北弃守,于是滇西战局遂不得保腾北以为反攻间,潞江西根据地这个中策,降而取他日反攻时背潞江为阵,以仰攻高黎贡山之下策。"此无他,我虽有可守之形,亦无可守之势耳。"

张问德先生在《偏安腾北抗战集·通论》中讨论腾冲沦陷的军事因素时,还夹杂着腾冲沦陷的教训及张先生对家乡和人民的爱。即使张问德曾经有申包胥哭秦廷,请增兵以确保腾北安全的举动,也没有使腾北沦陷的结果发生变化,因此他对于当时形势,只能有所叹息,而把痛苦、惋惜之情收藏起来。1943年9月,他通过36师李志鹏师长转达,应允供应军粮250万斤,马料45万斤,运输力6000人,协助5个师作攻击战斗1个月,以求收复腾冲之用。他于当时情况下,日夕计划,如何使他的地方政府,除弹药及医药、通信、交通器材而外，能迅速代替野战军补给司令部，发挥高度的补给效能。他深知他的计划当以腾北能以保守为前提，他也深知如果腾北守不住，不但他的计划成为泡影，且由于里程及人力之计算，将有前方一人作战，后方一人运粮的沉重负担，而弹药、器材及伤病患者运送还不在内。他也深知由于地理关系位置的不同，以及由于效率的变化，则他当日所接受、被要求的200万斤军粮之数，将需于保山、漕涧间囤积三倍，才能送到。他也深知如果腾北不守，潞江及高黎贡山作为敌防御我反攻期间天然屏障时，则等于我已损失三个步兵师的战斗力。他因此于1943年10月5日，以长约25000言之书面备忘录交中国远征军长官部腾冲考察团，要求增兵确保腾北。不幸当时腾北已陷入被包围之危急状态，他尚不知六天后他必须突围，他也不知他将于突围途中险遭不测。"余非不知余在潞江东岸，实较处于腾北之突出地带中更为安全，然余实不愿离开腾北一步。盖由于当时之情况，余之撤出腾北与否，实为中下策抉择之分野，亦即为我腾冲人民痛苦是否继续加深之信号。此由上策而中策，由中策而下策，遂使反攻间在时间上，在人力及物力之消耗上，其代价均必须极巨，思之若有余痛焉！至于历次对于防守侧重之点之建议未被守军采纳者，则更无论矣。"

我方熟悉地形却在形势上处于劣势的原因，并不是因为敌人不了解地形，而是因我方以横线的潞江为依据而防守，敌人则以纵向的滇缅公路为依据而进攻造成的。在整个滇西战场上，腾冲并非最为重要之据点，但是由于处于中印公路拟定线上，而增其重要性。战略上观察敌方的腾冲据点，也不过为其密支那及龙陵两要点侧防上之支撑点而已，然由张问德观察，则腾冲之敌所以能负固，实际上还有其他原因。

敌缅甸商业株式会社代表川田之义，曾到腾冲视察。因川田之义来腾冲视察所引起的结果及其影响，其精确的含义，即川田之义以为腾冲乃借走私而活动的最佳据点，换言之，敌方选择腾冲为其潞江西岸对我远征军战区从事谍报工作的据点。敌第56师团师团长松山柚上司令部在芒市，而潞江西岸一切伪组织导演者田岛大尉之行政班本部，则与池田少佐之谍报组织同在腾冲，此即表示腾冲于敌虽于军事上仅为一侧防支撑点，而于谍报及政治上，实被视为一最重要据点，此为腾敌必须负固的基本原因。经济上，敌人建立庞大的伪商工会组织，实为敌对我沦陷区经济控制之一种具体表现。

从经济及政治两方面来看，腾冲貌似仅为敌密支那及龙陵两要点侧面防守上之支撑点，而实为敌在政治及经济上与我方从事斗争之重点。腾冲与松山、龙陵、芒市，同为敌方在潞江西岸国境以内四个重要据点。然而敌于腾冲据点所以负固如此之极者，除其军事上有原因外，而较松山、龙陵与芒市，实更有政治及经济上之原因。

三、教育方面

腾冲沦陷以后，所有学校几乎全部停课。自县政府成立以来，对于救济沦陷区失学青年及恢复学校，不遗余力，然常因战事而终止。其概要如下：

第一，1942年9月14日，"九一八"战役以前的教育概况。县政府成立以后，即与预二师全力组织腾冲战时工作干部训练班，其第一队为乡保长调训者，第二队为初中毕业或高中肄业学生，第三队为初中生，第四队为女生队，第五队为幼男队，合计有学生523人。7月21日在界头开学，8月21日毕业，除第一队另行成立行政人员干部训练班继续训练，预二师保留一部分充任政工人员外，其余大部分均送大理战干团及战时联合中学入学。腾冲战时工作干部训练班之经费，由军政两方各担一半，教员职工除军事方面由预二师派员充任外，余均由腾冲沦陷后流亡中学教员担任。

战时联合中学，系合并原省立腾越中学、腾冲县女中、和顺乡私立中学而成。成立之初，没有校舍、校具、图书、用品。战时联合中学以前腾冲县女中校长刘绍和任校长，以原腾冲战时工作干部训练班为校舍，有学生121人，并附设高级小学，中学两个教室，高小两个教室，均采用复式教学法。"九一八"之役高小解散，中学随县政府转进，渡过潞江，遣送大理战干团、大理中学、大理师范入学。在"九一八"战役以前支出之教育费用，连同腾冲战时工作干部训练班在内，近14万元。各地中心小学及保国民学校，大部分均能照常开课，合计有中心小学15所，保国民学校123所，学生合计9500余人，唯各中心小学及保国民学校经费及教育用品，均缺乏。关于经费，则由各乡镇自行筹集，由士绅募集或由乡镇公产提充。

第二，1943年2月10日，"二一四"战役以前的教育概况。"九一八"战役结束以后，地方秩序渐次恢复。12月1日在界头西岳庙重新成立联合中学，经过多次战役，学生已逐渐向保山、大理一带学校入学，故仅有20余人。一切规模亦较前简单，经费支出亦大为缩减，仅合15000元。各地中心学校亦因战局关系减少，计减少中心小学3所，保国民学校37所。

第三，1943年9月24日，"十一四"战役以前的教育概况。"二一四"战役以后联合中学停办，各中心小学、保国民学校亦减少，计有中心小学8所，保国民学校56所。

关于社会教育，亦仅于"二一四"战役以前，有与部队合组之巡回宣传队一个，效率亦不见宏大。因一般民众，已由炮火中学习得其应有的知识。

四、财政方面

腾冲沦陷后田赋奉免，原有预算无形消失，县政府成立后，经费来源问题困难。前县长邱天培于1942年9月10日奉令返界头移交时，移交公款约20万元，此项公款均非现金，而系向腾冲商家拨款，因战事关系，此项拨款不能全数收回，仅收得14万元，尚相差约六七万元之巨。又腾冲沦陷后县政府未成立以前，未沦陷乡镇牲屠税，已由各乡镇公所自行收支，其支出大部用于救济回国难侨，县政府成立后，即行提回补益政费。因物价高涨，所收税率虽以时增加,然始终未超出百分之五。在1943年9月以前,每猪收国币20元,9月1日改收40元,后以县党部成立,乃应县党部之请,将牲屠税增加五成,作为县党部经费。而战事波及地区,税收无法催收,总计自县府成立至1943年一年半以来,牲屠税之收入并未超过14万元。又1941年度耕地税,旧欠因图册及串根均于沦陷时损失,无法整理,经各经征人员自行呈缴来府者,也只3万元。又财政局1942年云峰公租,实收540箩,经变卖得价2.5万余元。以上四项合计不足33万元,其他公产公租完全在沦陷区无法取用,除此未向地方摊派分文。然县政府、政警队、警察局、行政人员训练班、联合中学等各项经费及支出供应,救济慰劳各款,自县府成立至1943年一年半以来已达100万元。此不足之60余万,均向腾冲旅外商号借垫,拟于将来整理1942年、1943年地方公租项归还。至省政府核准发给县政府经费,亦以路途过远,公文往返,核证需时,未能领得。

腾冲沦陷以后地方公粮无着,一般公务员眷属米及副食费,并无科目可以支出,只有将薪饷提高,此为经费支出较大的主要原因。然财政上最为主要之工作,不在如何筹措经费及如何分配经费,而在与敌所作之经济斗争。腾冲产米最富之区,为最先沦陷之腾南,因敌伪摊派过重及沦陷初期大量损失,造成米荒,一些奸商乃将腾北食米,大量运往沦陷区图利。1942年7月28日,县政府下令将安全区全境封锁,禁止其他日常用品出境,故腾北食米最高价，从未超过3元每斤。另外敌方占领区内使用军用手票，其票面价值1元相当于我26元的比率，逐渐涨至40元的比率。腾冲沦陷以后，潞江渡口均由我军封锁，非本地出产之日常用品即告断绝，于是敌即大量倾销，一时走私问题极度严重。盖此一现象之造成，是因为驻军中有不少不肖分子参加。其所造成的第一现象，即民国三年（1914年）所印制任何票面价值钞票及1元钞票，均被拒绝使用，其根本原因，则系敌军拒绝与手票兑换之故，尤以富滇新银行之任何票面价值钞票，被拒绝使用为甚。从而1元小票及富滇新银行钞票，对于法币之兑换率，亦发生1300元与1000元兑1元之黑市。县政府鉴于此必须挽救，乃与驻军合作，一面严密封锁，实行凭证出口制度，一面设立兑换所于瓦甸、界头、固东各地，乃按票面价值兑换，借以吸收小票及富滇新票，以平衡比率，同时将小票及富滇新票输送下关，向银行兑换国币。"五一四"战役以后，安全区全境封锁始能彻底，然而小票及富滇新票之信用，并未完全恢复。在沦陷初期，腾冲附近停滞物资极多，抢运呼声甚高，然以人力及方法上的错误，使抢运结果不良，且造成私人渔利之机会。

通过向腾冲旅外商号借贷，与敌作经济斗争，稳定米价，抢运腾冲附近物资等措施，稍微稳定了腾北的经济。

五、粮食方面

主要是供应及调剂民食，掘山洞屯粮，采用农村副业推进法。

供应军需由各乡镇自行负责，按月向部队结领粮款。在各次战役及渗入沦陷区战斗中，因情况关系，往往由民众自行供应。除民众自行供应者外，自1942年5月16日橄榄寨战役至1943年11月17日"十一四"战役，腾冲供应军粮估计340万市斤以上，其中有21万市斤系马粮，在沦陷的初期，对返国国军供应尚不在内。县政府对于军粮供应的支配，则估计各时间需要，分令各乡镇将军民两粮妥为筹措，除预期决战及转移攻势地区，因县镇府处境极度困难，向这些地区供应困难而外，尚属良好。

各乡镇对于军粮筹集，以开会方式解决，此种会议除各保甲长参加外，并由各大户参加，对每一时期所需军粮，自行认领，按时解送，各月终向乡镇公所清结粮款。自实行以来，秩序良好，并无纠纷。

腾冲原有谷仓，大都附设于乡镇保公所以内，每次战役均有损失，唯一问题在如何疏散分藏，以避免损失。为求经济起见，将腾北划分为若干个散屯区域，在深山以内挖掘山洞，以屯储。对于防腐通风，同样予以注意，惟预防鼠耗之方法未能完善。此种山洞计有168个，一次屯储量可达130万市斤，大都在高黎贡山、弯担山、姊妹山、尖高山及琅玡山下。又为使副食品供应能圆满解决，曾计划一种农村副业推进方法。自实行以来，各保均有公猪15口以上，公共田圃一方，如腾北犹能保住，则将来反攻时期关于副食品之供应，应无问题。腾北沦陷后，不仅食油及燃料成问题，副食品供应也成了新问题。

六、建设及其他方面

整理瓦甸及固东市镇，拓宽街道及厕所、沟渠之设置，向部队输送工具骡马。1943年3月1日"二一四"战役以后，腾北重要市镇被毁，因消耗品锡箔及纸钱输出便利，先行整理瓦甸及固东。此两市镇原有街道极狭窄，对于火警预防极为困难。对于街道拓宽及厕所、沟渠的设置，力求合理，所有铺面及家屋地基因此损失的，则于市镇两端另划工地重建。惟战事未定，屋宇之建设难能考求，均暂以稻草砌造，结果尚属良好。

县政府成立之初，原设立司法一科，以评议民间纠纷。后因司法已独立，行政机关未便过问，除汉奸案交由军法裁判外，即行裁撤。凡人民因纠纷而有所申请时，一律交由乡镇公所调解，调解法案经呈准后施行，人民既省去诉讼费，又省去司法警之苛例，民称便。

滇西各部队均嫌运输能力不足，腾冲商场起初全以骡马为输送工具，然而由于敌伪搜索极为彻底，难能保存，损失很重，但各部队来购者均极力协助，免入敌手。计第11集团军兵站部购去300余匹，预二师购去150余匹，36师购去20余匹，71军87师、88师合购500余匹，合计购马1100匹左右。马款均以食盐代替，因腾北食盐缺乏，颇受民众欢迎。

张问德先生还恢复《腾越日报》，鼓励民众，宣传抗战。张问德领导腾冲抗日县政府，为减除民众痛苦，安定生活秩序，辅助国军作战做出了较大贡献，为收复腾冲做了准备。

"硬得纯正,硬得正直,硬得正气"

张问德先生出任县长后,不仅领导腾冲抗日县政府做了一系列工作,而且还身先士卒,"八越高黎贡山,六渡潞江",亲自运粮,关心民众,支持抗战,表率后辈。他每到一地,不论是山顶上、悬崖下、田埂边、古树旁,他只要一挂起国旗就开始办公。对于这一面略显陈旧的国旗,张问德一直将其视为自己的生命,反攻开始时,他在上面写了一首《西江月》,来激励士气:

倭寇霸我河山,杀人放火轮奸。
誓与顽敌不共天,谁不怒发冲冠。
我有雪耻志气,杀上高黎贡山。
临死噬敌咬牙关,魂如日月经天地!

张问德为何将这首鼓舞人心的《西江月》写在国旗上?用他的话来说是:"写在国旗上又有何不可?!我们的国土上无处不是被日寇残杀得尸横遍野,血流成河!我们的华夏子孙无处不在和敌人进行着殊死的拼搏!我们的民族正是缺乏一种咬住敌人死不松口的狠劲,帝国主义才将我们看得一文不值……"

对于张问德翻越的高黎贡山,曾有人这样描述:"今天的游客过高黎贡山坐在大巴上犹在惊呼凶险,老县长过山真是靠双脚一步一步走。我们第一次翻山寻找战场遗迹的时候，还真多备了两匹骡马，想着谁走不动了可以骑行。真上了山才发现，走不动了坐下歇歇，站起来接着走。那么窄的小路，骡子自己都找不到安稳下脚的地方。它们背上的东西都在一百斤上下，不比一个成年人轻，凡到险处，马夫们只能把驮架卸下来，让骡子空身上，然后两个人把货物搬上去。哪里有人敢在这样的路上骑行。古道上不知什么年代铺的石阶，大多都接近一米一级，因为山陡，只能这样铺。我们这样的精壮汉子尚且要四脚并用，可想书香浸染的老县长走起来有多辛苦。而且我们都是避开雨季进山，既不会太热，又少了毒虫，那山上若在雨季，光听虫蛇毒物咬人的故事就能把异乡客给吓死。2005年接近雨季的时候我们为拍纪录片进山，天天除了工作只提防一件事，就是那个叫旱蚂蟥的东西。据说它只要嗅到人血味就会攀上路边的草梢，当你经过，它会轻盈地弹落在你腿上，然后慢慢爬进裤管，在你全然无知觉的情况下吸吮你的鲜血。如果你发现了它，惊恐之下一掌拍死了，它钻在肉里的头，挖都挖不出来，直到给你的肌体留下一个个永远痒痛而又焦黑的疮疤。真是比鬼还可怕。"

张问德先生的女儿张慕兰，是这么描述其所渡过的重重困难的："更危险的是要走石油沟、小坝湾这段路程。这段路才是兽途鸟道，要攀越岩壁，钻觅丛林，相当艰苦。父亲一手拄着拐棍，一手扶着崖壁，咬紧牙关，侧下身来横走，双手扶着滑溜溜的青苔，万一踩空一脚就会掉到悬崖之下。父亲在勤务员熊文定、秘书费云章的招呼下，提心吊胆地走过了这段艰险路程。一路上，他们仅仅只在公房吃了一点炒米，夜晚又在山崖下凄风苦雨地熬着，步履艰难地下到怒江边。到了蛮允街，他们买了一点米，托一户人家帮煮饭，才煮得半生半熟时，难民和残兵就蜂拥而来，说从龙陵沿着怒江西岸北上的日本鬼子占领了红木树，正疯狂地向双虹桥杀来，那时人人都听得到怒江涛声中夹杂着'哒，哒，哒'的机关枪射击声。为了安全，他们只好马上撤离。父亲说把米捞起来，每人带一点。边走边吃，熊文定迅速解开挎包，提着半生半熟的米就跑，淡淡的米汤水从挎包里漏出来滴在地上，父亲以身作则，要大家一起吃。之后我们沿江北上，一路上尽是伤兵和难民，一切叫的、哭的、吼的、骂的声音完全被怒江水声吞没。

"太阳慢慢地落山了，走到蛮宽的一个村子时，父亲与东岸的71军搜索营联系上了，姓陈的营长听说腾冲抗日县长要过江去，就立即派一只船渡过来迎接。船一到有一些散兵纵身跳了上去，父亲和县府的人上了船，船落水5寸深，几乎翻下江去，大家吓得魂飞天外。滔滔江水大浪推着小浪，小浪追着大浪，大漩涡一圈一圈地旋转着，父亲看着怕有危险，就叫县府的人快蹲下来，用双手紧紧抓着船的两边，即使船钻进水里，也万万不能松手。船到江心，有几个散兵想把父亲和县府的人踢下江去，水手大叫一声：'这是腾冲的抗日县长，谁敢动他一根汗毛，老子一竹竿把他打下去喂大鱼！'话刚说完，一排巨浪打来，那几个散兵全掉进江里了。

"怒山山脉西坡，正如高黎贡山西坡一样，全是陡坡峭崖，毫无道路可走，父亲说：'人到山前自有路，难道在此困死不成，爬上去！'勤务员熊文定年轻力壮，先爬上一丈多高的崖子，再伸手拉父亲上去。就这样，腾冲县府的全班人马昼夜在保山境内的怒江的山梁子上艰难地跋涉。大家累得奄奄一息，坐下来休息的时候，父亲为了鼓起大家的勇气说：'我们为了抗日，为了收复国土，为了老百姓重建家园，而苦撑苦斗，以后我们的儿孙都会受后人的尊敬。要记住，人生一世，草活一春，人生一世要的是流芳百世，而不是遗臭万年呐！我举一个例子给你们，岳母刺在岳飞背上的"精忠报国"四个字，直到如今仍与日月同光，千年不朽，成为我们抗日救国的一面镜子。我说我们的痛苦，有时也是一种享受。'大家听后得到了许多安慰和鼓励。秘书费云章说：'老县长，我们真佩服您，有学问，有才能，有本领。'休息一会儿后，大家继续向东前进。父亲一路带着部队，清晨从南斋公房出发，走过无数令人毛骨悚然的地方，从高黎贡山东麓的'大风包'到什么一碗水、门楼树、断命岩、鬼哭箐、黄竹河、岗房等，这条路阴森恐怖，从这条路走出来的人，才是捡到了自己的性命。部队的排长、连长、营长说：'张县长，我们的部队如果没有您，预备二师和36师就像没有魂一样,战争就会失败,所以我们是离不开您的。'父亲多次翻越高黎贡山,昼夜摸爬,跌跌滚滚中把头跌肿,把右手跌脱,一脸惨白,汗水湿透了衣服,瘦得皮包着骨头。黎明时分,终于见到了汶山镇,父亲高兴地说:'我们胜利了!'话才出口,就一跤栽倒在地上,不省人事。县府的几个人和我们跪下来哭的哭、喊的喊,哭喊声惊醒了旁边的几户人家;他们出来一看,知道是张县长跌伤了,就赶快帮忙抬着送到汶山镇,恰好遇到在江边检查江防工事的一个姓李的,马上就用他的吉普车将父亲送到保山。父亲年老体弱,经过长途跋涉,风餐雨露,劳累过度,数病齐发,几天都昏迷不醒,水米不沾,全家急得要命,白天黑夜都守在他的身边。那时在李根源、宋希濂的关怀下,在军医院大力抢救之下才得以脱险。继后,父亲又带领县府人员,历尽千辛万苦,再次翻越高黎贡山,回到家乡腾冲。"

对于张问德先生与勤务员熊文定、秘书费云章所说的"精忠报国"一席话,另外的版本是:"张问德先生转移至南斋公房,在电闪雷鸣、凄风苦雨的深夜,与勤务员熊文定、秘书费云章等人说过如下这番话:'人家不到60岁就退休了,我63岁接受了一个抗日县长的重任,龙纯武、邱天培没见敌一眼就逃之夭夭,我一个淡泊书生却临危受命,水没有一口,米没有一粒,还要和凶恶的日寇周旋。但我感到很充实,越苦越充实,一种良心、人格、精神上的充实……我现在很饿,也很冷,从肉体上说,这是很痛苦的。但此时我们相抱在高黎贡山的断崖下，拼搏在博南古道的死亡线上，为抗日，为收复国土、重返家园而苦挣苦斗，谁有我们这种福气！痛苦，有时候也是一种享受，而这种享受还十分耐嚼，久远，余香不绝，比如岳母刺在岳飞背上的'精忠报国'四个字，直到如今仍与日月同光，千年不朽，岳飞的为人，也成为我们抗日救国的一面镜子。所以，人生一世要的是流芳百世，而不是遗臭万年。'"

张问德先生还不顾63岁的高龄，与预二师一部翻越高黎贡山，到片马迎接国魂——200师师长戴安澜的灵柩。他在出发前，有一段发自肺腑、感人至深的话："我能代表26万腾冲人民披麻戴孝去迎接我们民族的国魂，为我们民族的生存而英勇奋战、血染沙场的戴安澜将军的灵柩，是我一生最大的殊荣。我扪心自问，我一生的行为和言论，是对得起国家民族的。因而有这份资格穿这身孝服。而一切在民族大难面前藏身躲命，贪生怕死之人，在我们民族英雄戴将军面前，将无地自容！而且我想戴将军在天之灵，也不稀罕这样的人去迎接他。我希望这次有资格代表我们

牺牲在缅甸的中国远征军200师师长戴安澜

的民族去迎接戴将军灵柩的人，要用自己的行动谱写好我们英雄主义和爱国主义的新篇章。"

因张问德先生一生是为国家的独立、民族富强而奋斗的，所以他没有丝毫的奴颜和媚骨，正如他在诗中所说："两袖清风淡泊志，祖传百代不媚骨。"1943年春，卫立煌接替陈诚出任滇西远征军司令长官。新上任的卫立煌在大理召开军政联席会议，会上卫长官说："蒋委员长为了领导中国抗战，已不喝酒不吸烟，正节衣缩食，每餐只两菜一汤。"出席会议的张问德听到这里，马上站起来说："请卫长官转告委员长，如果他真的领导中国人民抗战，不仅龙肝凤髓，即使吃人心人肝，中国人民也供应得起，如果嫌我人老骨头硬，我可以将我的儿子先送上去。"他的话音一落，全场震动，连卫立煌都佩服他"硬得纯正，硬得正直，硬得正气"。所以，在远征军将领中张问德被称为"三硬三正"的抗日县长。

汉奸县长

腾冲有"逃跑县长"邱天培,有"三硬三正"的抗日县长张问德,还有汉奸县长钟镜秋。就如广义的"逃跑县长"是一群人,广义的"抗日县长"是一群人一样,广义的"汉奸县长"也是一群人。伪腾越县政府于1943年6月6日成立,以钟镜秋为伪县长。以钟镜秋为首的汉奸及不良游击、便衣在腾冲沦陷至收复期间,对国家、对人民造成了巨大的损失与痛苦。他们在国难当头的时刻,不顾民族,不顾国家,为了一己私利,或投靠日本人,或当流寇,欺压百姓,鱼肉民众,为虎作伥,杀害忠良,阻碍国民党军的收复行动,而冠冕堂皇,衣冠楚楚,醉生梦死,若无其事。对于这些人,在法治的国家,正常的情况下,应严厉处置,依法惩处,并受到人民的唾弃与谴责。游击与便衣虽受到清理,但并未根绝;汉奸则更为狡猾,处理汉奸受到更大的阻力。张问德先生"开启了中华民族依法惩治汉奸的先河",但此事在"六十年后仍然饱受争议"。

伪维持会

腾冲有"逃跑县长",有"抗日县长",还有"汉奸县长"。以伪县长钟镜秋为代表的汉奸,被称为"汉奸县长"。"任何一位退休老人,只要做了这两件事中的任何一件,都足以名垂青史,都堪领'民族英雄'的称号了。可这位老人竟在《答田岛书》成文一年后,做成了另一件石破天惊的大事情。这件事情开启了中华民族依法惩治汉奸的先河,却也为老人家留下六十年后仍然饱受争议的身后之事。"

腾冲国殇墓园,一群当年的远征军老兵从缅甸回国观光,来拜祭墓园。"战争结束后的几年,相当数量的抗日军人因为各种原因流落在了缅甸,其中许多人生活并不好,几十年一晃而过,等到终于解冻,他们已是孤老贫病,多年没有回来过。近年云南各级政府陆续组织一些老人回国观光,才使他们有机会重睹故国山河。

"那个场面真感人,衣着五花八门的老人们默默地从山脚穿过战友们的墓碑,悄无声息地走上山顶的纪念碑,然后恭敬地挺起佝偻的胸膛,行军礼,再鞠躬,有好几位老人紧接着放声恸哭。我们紧盯着几位追问他们的经历,基本都是当地人,都是当年出生入死的第一线士兵。有一位绘声绘色地给我们讲当年如何脱光上衣,从头到腰涂抹上拌了锅灰的黑猪油,摸上城边来凤山用刀手刃鬼子的故事。正当我们听得大有收益，老军人冷不丁断喝一声：'张问德公报私仇，枪毙钟县长，气量狭窄呢！'我们真是大吃一惊。堂堂名满天下的张县长，怎么落得当年抗敌者的如此评价呢？

"为此走访下来，执此意见的人居然不在少数，他们大抵是说：钟镜秋虽然当着日本人的伪县长，但没怎么祸害百姓，还出面救过被俘的国军预备二师军人，战后审判的时候好几个乡长联名上书保他的命。连20集团军总司令霍揆彰上将也公开表态不该杀钟镜秋，那真是大人物，放到今天，谁能不给面子。偏偏说不服张问德，眼睁睁看着张老先生把他公判做掉了。"

那么，我们如何看待张问德先生处死汉奸县长钟镜秋一事？对于张问德先生，惩处以汉奸县长钟镜秋为代表的汉奸们，我们怎么看？

话要从腾冲沦陷说起。我们在前面提到过，据新28师师长刘伯龙的控诉和邱天培反映，腾冲沦陷前后有不良士绅。又腾冲沦陷时，南京之汉奸报纸于腾冲之沦陷，竟有腾冲小帽商人70余人，手持太阳旗出城欢迎"皇军"之记载。《腾冲沦陷记》也记载日军入城后，"张兆等十余人长袍大褂，忙碌招待"。反攻期间，张问德随军推进腾冲城附近，考察民情，访查舆论后，指出确实有刘之骂、邱之控之情形！那么，我们似乎可以确定，腾冲沦陷前，有汉奸士绅在城里活动。

腾冲沦陷之初，重要士绅均已出走，敌人当时急于获得一御用机关，借以解决一切供应上的问题。1942年5月13日，腾冲沦陷后的第3天，以李曰琪为维持会长、李家昌为副会长，组织伪维持会。李曰琪，字直夫，时年73岁，清末附生，即三等秀才，日本留学生，云南省议员，曾任腾冲中学校长。李家昌，字子盛，时年70岁，清末廪生，即一等秀才，云南省议员，曾任腾冲中学校长，沦陷时任腾冲民众教育馆长。此二人均属残年衰朽，敌人以为无实际作用，仅能借其年高以做号召，然结果亦属失败。乃由敌第56师团第146联队联队长金刚宗四郎出面，以其同学关系，强迫张德辉出任副会长。张德辉，字焕然，时年50岁，曾留学日本习医，其妻为一中国籍父日本籍母之混血儿。最初参加此一组织伪维持会绅老，其范围不能越出猛连、洞山、东华、城保、绮罗、和顺、小西、下北、中和、明朗十个乡镇，因伪维持会由此十个乡镇代表组织而成。

伪维持会以搜刮物资供应敌军为主要任务，其活动大抵有：第一，供应敌军主、副食品及人马。第二，保存各自物资。第三，群小借此活动发财。伪维持会最初由田寿指挥监督。"伪维持会由召集而筹备而成立而执行其所谓职权，去沦陷之日不过十日，办理'良民证'之印制、'良民'身份之调查、登记、复验、申请、填发等手续完毕迅速，伪维持会之工作效率及伪维持会人员之尽忠职务，实为地方多年所未见。而何以历来对我国家对我政府对我地方未见有如此者，而乃见之于沦陷以后，而乃独见之于沦陷以后为敌人统治之时,此无他,心死久矣。"

1942年5月30日橄榄寨战斗结束后,游击战斗继续开始,敌乃利用地痞流氓杨吉品,组织游击性质便衣队,从事谍报工作。最初系由宪兵队监督,杨即自称为宪兵队督察长。杨原系帮会龙头大哥,其便衣队的组织,亦即由帮会脱胎,各借敌势力,勒索无不用其极。故精穷之杨吉品已有家产数千万,国军便衣队及地方有志青年,牺牲于其手者,不可胜数。由于其穷凶极恶,遂渐有代替李曰琪、李家昌、张德辉之势。且杨认贼作父,为其子完婚时,邀请敌行政班长青木训话,向敌磕头,获得棉纱20驮,于是群小均引以效法。杨吉品所组织便衣队,人数从未超过100人,每人每月国币8000元,如在出发搜索我方情报期间,每人每日发国币1000元,其经费支出如此之大,于是一般流氓地痞趋之如鹜。此便衣队实为一流氓地痞集团,对于沦陷区民众痛苦甚大,其后,此一便衣队改为宪兵队特务大队。敌行政班本部为欺骗我沦陷区民众,曾将杨拘押,故杨气焰略减,而其陷害无辜民众行为未减。

在杨吉品之便衣队改为宪兵队特务大队后,敌成立另一便衣队,由其野战参谋指挥,此便衣队构成分子,全系被敌俘虏士兵,由杨楚英任队长。此一便衣队的地位,不如前者高,专勾引国军将士潜逃,造成国军恐敌意识,散布谣言,以期降低国军战斗意志。另一较为重要者为何世隆。何世隆,字庆斋,时年30余,其父为一屠户。何世隆往日于下关一带贩卖鸦片，于腾冲沦陷10个月后，1943年2月10日至3月1日之"二一四"战役参加伪维持会，专登记沦陷区流动物资而加以统制，因此亦富有家产。等到伪维持会撤销、伪县政府成立后，日军之缅甸商业株式会社代表川田之义来腾视察，认为腾冲为其货倾销最佳市场，且为向我潞江东岸借走私而活动最佳据点，乃授意日本驻腾行政班本部组织商工会，由抢运所得之洋钞提出100驮作为活动基金。其后以商股商工会代之，即以何为主任，故何世隆实为日军与我从事经济斗争之代理人。

伪腾越县政府

伪维持会只是成立伪腾越县政府的过渡机构。驻腾敌行政班扩大组织为行政班本部后，积极谋划成立伪县政府。伪县政府县长人选，在李家昌与杨吉品间之间争执。然而，趋向敌伪的士绅，如敌宣传所谓"小帽商人"，不愿伪县长一职落于杨吉品的手，乃欢迎龙陵伪公安局局长钟镜秋出任伪县长。关于钟镜秋的资料，据说，他系军校特训班学生，曾任少校级职，从事特务工作多年，时年30余岁。"他调来腾冲也是基于日本人无奈，因为原本地灵人杰的腾冲弄不出个县长来。县城边的和顺乡是个至今被评为中国最美乡村的地方，那里的第一大户弯楼子李家，曾经把商号开到上海，开到海外，在当地极有威望。李家当年的小姑娘，现在也是奶奶级人物的李坤拔大妈说，日本人让她二爷爷当伪县长，二爷爷坚决不干。我看过那位二爷爷的照片，凛然正气都挂在脸上，一副士可杀而不可辱的大中华面孔。后来日本人也没把他怎么着。当地的汉奸混混们肯定有争着当的，但当然都是扶不上墙的货色，日本人也不敢用他们。于是，从龙陵县把钟镜秋整过来了。"

伪县长的人选确定后，伪腾越县政府于1943年6月6日成立，以龙陵人钟镜秋为伪县长，伪维持会即被撤销。伪维持会存在两年中，以和顺等10个乡镇为其基础，而伪县政府成立初，其基础已增加。其中包括：第一区全部，计城保、和顺、小西、下北、绮罗等五个乡镇；第二区全部，计洞山、东华、猛连、龙江、沦陷间由伪县政府合并新华、蒲川两乡而成的新蒲等五个乡镇；第三区大部，包括清水、西河、明朗、中和等四个乡。即除第四、第五两区犹能效忠国家、服从政府、协助抗战而外，其余第一、第二、第三个区，几乎悉数投敌。于是，各色人等群起而服务于伪腾越县政府、伪警察局、伪济世医院、伪维新社、各伪乡镇公所及伪商工会各部门。

敌伪在腾北沦陷后、反攻开始前、反攻以后之侵略、压榨活动及人民所遭受痛苦，主要据张问德先生所撰之《反攻腾冲前后情形报告书》《偏安腾北抗战集·通论》。通过分析敌伪的活动及人民所受的痛苦，便知钟镜秋为首的汉奸的行为有多可恨。他们的主要活动如下：

其一，腾北沦陷后敌伪的活动概况及人民所遭受的痛苦。腾北沦陷后，县境完全沦陷，国军撤退，在高黎贡山西麓已无国军活动之踪迹，于是敌伪对沦陷区人民的控制日渐加强，对于沦陷区的压迫愈演愈烈。

腾北沦陷以后，敌行政班本部长田岛、伪县长钟镜秋、伪维新社长杨吉品等，即到腾北各地成立伪乡镇公所。腾北伪乡镇公所，分别受桥头、瓦甸、江苴、固东各地敌行政班的指导监督，各伪乡镇公所之主要事务，则征集夫马、搜集副食、囤积粮食。

征集夫马。其征集方法为每户出一人，如果无男丁可出，则出钱雇人代替，因物价高涨，每天一夫的雇价，一般在新币两三千元间。夫马一是从事修筑公路、桥梁及构筑工事；二是从事输送粮秣、弹药或开辟菜圃。

搜寻副食则由各地行政班责令伪乡镇公所去办。每日需牛若干、猪若干、鸡蛋若干、小菜若干，均限每日正午十二时送到，如有违误，即罚派一倍，如再不送，即予烧杀。

囤积粮食由伪县长钟镜秋承敌行政班本部的命令去办，仅马面关、桥头、界头一带之凤瑞乡，即被逼囤积约15万箩，合计全部囤积总数近80万箩，如把它碾成米，可得1600万斤。且1943年栽秧时适逢5月8日至19日之"五一四"战役，而收获时又逢9月24日至11月17日之"十一四"战役，故产量不多。在1943年10月撤退以前，腾北食米每斤仅国币3元；而撤退后，由于收成较歉及敌伪大量囤积，米价涨至每斤国币24元，约原价8倍。

征集夫马、搜集副食及囤积粮食给沦陷区民众带来不少痛苦。然而，各伪乡镇公所又借经费缺乏之名，实施压榨，除摊派门户而外，各伪乡镇公所均收落地税。腾冲各地街期均系五日，每逢街期，所有摊贩无论其贸易额如何，均须缴纳国币100元至500元不等之落地税，甚至小菜的贩卖也不获免。但落地税非交钱，而是抽现，其抽现率由十分之一至五分之一，街期时即使在闲之摊贩，亦须照缴。各伪乡镇公所每月所收的落地税，平均在国币30万元左右，而朱辛街、草坝街、缅箐街三街距城较近，沦陷较早，较为繁荣，每月落地税的收入则可翻倍。其次，国币各伪乡镇公所征收牲屠税。在1943年10月撤退以前，腾北牲屠税收不旺，每杀猪一口，才收国币40元，到撤退以后，每口即收500元。牲屠税之外，还收烟酒税，每月所收之数实属惊人，然较落地税则少，至于原先已沦陷之区，则更不用说。

沦陷区民众，除受敌人及伪乡镇公所之压榨外，还要受伪县政府的压迫。伪县政府也为经费问题而征收耕地税。最初伪县政府召开会议，宣布耕地税须不分等次，一律每亩收国币100元，其后布告则按国币55元、50元、45元三等收取。全县有田40余万亩，平均被伪县政府征去约国币2000万元之耕地税。然而各伪乡镇公所，有的于伪县政府会议宣布以后，布告征收以前，即已依照国币100元征收耕地税，且加收手续费国币10元。因此人民因伪组织压迫，而付出之1943年度耕地税，其数字超出2000万元甚多。其次，沦陷区民众在敌人之毒化政策下种植鸦片，其中有少数牟利奸徒作祟，因而伪县政府在早期沦陷之地域征收烟亩税。伪县长钟镜秋所收之烟亩税，原定每亩收缴烟土二两，而一般经收人员，又从中借手续费等名目，增收一、二、三两不等。

伪商工会为敌人侵略腾冲的重要部门。经济上，敌伪以伪商工会进行控制、侵略、压榨。敌伪于1943年7月2日成立伪商工会，以李子盛为会长。8月1日，伪商工会改用董事制，设董事11人，以敌行政班本部长田岛、伪县长钟镜秋为正副董事长。伪商工会的组织，固由于敌缅甸商业株式会社之主张，实亦为敌对我沦陷区经济控制之一种具体表现。另一方面，就伪商工会总务股主任兼低利银行行长何世隆与敌司令官之信函中，有"自商工会成立以来，花纱发交会中，商民始称便宜"数语观察，则一般商民因有此便宜的好处，于是对敌于我沦陷区之经济控制，不但乐意而且予以它的赞助。

伪商工会不仅是经济组织，而且还是政治谍报组织。它的最高机关为股东会议及董事会。伪商工会会内设总务、营业、财务三股及货仓一所，会下设协新公司、日新公司、低利银行、农具工厂、草标即肥皂工厂、铁锅工厂、陶器工厂、纺织工厂、制药厂及制革厂，会外设缅甸总分会及木姐、新街两分会与滇滩分栈，另有纺织业者、制纸业者、陶器业者、商工业者、铁工业者五小组会。协新公司，由伪县长钟镜秋与群伪合理经营，共谋私利。最为重要的是，伪商工会内有一经济情报局。商民因为有好处而参加伪商工会，而敌则以伪商工会为从事谍报工作的另一基础。伪商工会组织，可谓为腾冲残余商业资本及工业制造的结合，其出席会议9次者有田岛、李子盛，8次者有钟镜秋等。就伪商工会之账册所载，与伪商工会往来交易者，计有183家。因此，敌伪通过伪商工会控制、侵略腾冲经济，同时进行政治上的谍报工作。

伪维新社亦给民众带来不少痛苦。前由汉奸杨吉品组织的第一便衣队，其后改为宪兵队特务大队，亦另以伪维新社的名义出现。伪维新社之组织，实为杨吉品平昔所领导的帮会的一种变相组织，其基本任务为搜寻我方便衣官兵。汉奸们对这类工作，可谓竭尽全力。同时各乡镇在敌人压迫及杨吉品号召下，均成立伪维新分社。所以伪维新分社，均以伪工作队之名义成立，受各级行政班之监视与指导。汉奸们搜寻便衣及官兵时，特别注意其潜藏地点，于是想方设法敲诈勒索此种便衣及官兵所潜藏地点之百姓。更加以一般无知官兵，于腾北沦陷后，流落腾北，因生活上困难，而投入敌伪，反而指引搜寻，则更为锐力。因此，一般民众痛苦以及所受损失，遂无法估计。这种情况，以腾北最为突出。

此外，腾冲民众还受到各种势力的压榨，生活苦不堪言。当腾北沦陷时，腾南有萧光品者，系属龙潞副司令常绍群所部，时时出没梁河及县境迤南河西、清水、蒲川、新华各乡镇，到处派夫、派壮丁、派马、派米、派款，如有不从，则进行杀戮。同时，梁河设治局与县政府同时撤退，其留置梁河境内之第二股股长杨育榜，从事游击工作。土司龚统政投敌，对于杨育榜的游击队，自视如眼中钉。而萧光品亦以为杨育榜游击队的存在对其不利，一方面直接联络土司，间接即利用敌伪驱除杨育榜。于是，梁河及腾南民众的痛苦，到了惨不忍睹的情形。又有胡国本者，原系滇西边区自卫军第三路黄福臣之旧部，当腾北沦陷时，受腾北瑞滇乡民众的救护，逐渐扩展。最初尚能爱护民众，其后则因成员复杂，亦不免有骚扰情形。

其二，反攻开始前人民所遭受的痛苦及敌伪之活动概况。腾北沦陷后，民众极为失望。一般推测，以为即使我军有力反攻，亦须在1944年雨季以后，于是奸伪群小乃趁机大肆活动，其目的在于搜刮财货。其第一现象，则在游击性质之司令增多。原来在腾冲的游击队仅有萧光品、胡国本两部。他们以搜抢筹饷、清除汉奸等名义，诈索财物，颇为成功，于是群起效尤，甚至有自刻关防、自称司令的人。其第二现象，是我方便衣突然增多。自腾北沦陷后，我方便衣活动已较困难。然而由于民众保护其活动，原投入敌伪活动的人，也希望将来得有保护，所以除有一部分投入游击队外，投入便衣的较多。此种原曾投入敌伪者，则勾引便衣队借清除汉奸之名，排除异己，搜索财物。由此两种现象，造成地方上财货损失重大、部队军纪荡然无存之事实，于是绑票之风突然盛行，暗杀之事层出不穷。凡此败类,对于敌伪的动态多属茫然,或仅有已失效而又报不正确之情报,惟对于民间有一事,侦知极为明确。

腾冲商业虽然有名,而社会经济生活的发展仍属畸形,故富商大贾多集结于城市及附近各乡镇。他们虽深知,处于敌伪压迫之下无可作为,但雨季一过,反攻到来,为他们诚心要做的贡献,不能不预先做准备。而他们所准备的,则是金钱与米粮之秘密集中。因此,一般游击司令,一般便衣侦探,趁机敲诈。甚至有人上午被绑去,用钱几十万或几百万甚或千余万得释,而晚上又被另一伙人绑去。这种情形,几乎到处一样,敌人借此大肆宣传,从而影响国军名誉。

1943年栽秧时期,适逢天旱无雨,其后勉强可以栽插,又逢5月8日至19日的"五一四"战役,秋收时又逢9月24日至11月17日之"十一四"战役,收成大减。腾冲有田40余万亩,因土性薄瘠、气候特殊,产量过少。在平常年,谷物产量仅为350万箩左右,实际上仅能维持全县9个月之食用,其余三个月即须向夷方土司地带购进。1943年收成大减,且又被敌伪控制80万箩,故百姓粮食严重短缺,由此引发米价上涨。在1943年10月腾北撤退以前,食米每斤仅国币3元,而撤退后,米价持续上涨,由每斤国币24元涨至每斤国币30元,约原价10倍。从而导致一般物价亦随之上涨。例如阴丹士林布,这种布由德国人德恩于20世纪20年代在上海创办德孚洋行进行生产。阴丹士林是一种还原染料名称，是德文"Indanthrene"的音译，用这种染料染的布不仅色泽光鲜，而且经久不褪色。德孚洋行生产的阴丹士林布，因为使用了这种特殊的染料而深受人们的欢迎。当时，阴丹士林布每尺由国币120元升至1000元左右，而缅甸货物奇缺，反向腾冲购运，因此刺激物价。

腾冲民盐原是云盐的销售市场，自腾冲沦陷以来，原有盐务机关无形撤销，而一般盐商又因时势严重，大多裹足不前。在1943年10月撤退以前，腾北民盐尚有公卖店维持；自10月撤守、公卖店撤退以来，民盐断绝。敌即利用此一事实，将缅甸海盐运到，作为政治上宣传招抚工作的手段。并且规定，食盐的买卖，须以其军用手票进行。军用手票的比率，常在新币30元左右，上涨的最高价约40元，下跌的最低价约20元。于是，一般无知愚民和牟利奸民，开始从事军用手票的交易。

一方物资奇缺，而另一方则敌货充斥。此项敌货均由敌伪组织的协新公司及日新公司经营，所有剥削民众而得的利益，均入一帮奸伪之手。同时，在腾冲南30里的朱辛街、在腾冲北10里的草坝街、在腾冲西北30里的缅箐街，新兴市场特别兴盛，而奸伪的鸦片市场也在此处。

腾敌为加强控制，曾有成立腾越省的拟议，其范围即以潞江西岸为界，其后不知为何中止。遂将南甸、干崖、盏达等十土司全盘控制，组织土司监督厅于腾冲南7里绮罗之观音寺。于是，县境邻接南甸土司的边境，原来少数民族居住地区，完全为土司控制。

敌伪的压迫既烈，一般民众求解放之心遂切，于是有人利用此种情况敲诈，说国军反攻在即，居民须缴出若干万准备应用，甚至有说是奉最高统帅的命令。地方因此种敲诈而损失之财力无法计算。且游击与便衣之名，百姓畏之如虎。

其三，反攻以后人民所遭受的痛苦及敌伪之活动概况。1944年反攻适逢雨季，远非敌人意料所及，故其对沦陷区民众的控制，实未见有何效果。

由于游击、便衣在反攻前之活动概况，所演变成的局面令人愤激。游击队最初仅有萧光品及常绍群两部，然而以司令自称的人过多，大都借此敲诈百姓。因彼时县境以内各地，国军大都尚未到达，而敌人之防务又极空虚，有机可乘。彼等甚至有声称此系奉最高统帅之命令，征集物资，以供抗战之用者。由是由硬借而引起绑票，由绑票而引起摊派。另一方面，各为扩充势力，相率招纳亡命之徒参加游击。于是原曾作敌伪走狗、汉奸和地方浪子，见国军作战英勇、声势浩大，料敌人即将失败，乃借游击抗日之美名，图避免应受国家法律之制裁。此辈奸徒又从而借游击之势力，对旧曾怀有仇怨者睚眦必报。与此辈平昔怀有仇怨者，又多属忠干分子，随之而来者，良善百姓特别受到迫害。另外，彼辈既为扩充势力，当即搜求枪支，有枪的人被捆被打，强迫交枪支，不交者往往即被杀害。无枪而经济生活较可者，也被勒索枪支，往往出钱数十万才能了事。其司令如此，其所属之大队长、队长亦莫不如是。于是，除枪支而外，关于兵员补充、饷源及主副食均成问题。从而在两不管地带，派壮丁、派款、派枪、派粮米、派小菜、派卧具、派衣服、派马匹，几乎是凡有必要，无所不派，甚至到虽非必要，凡有所要，亦无所不派的境地。此辈平素所为，本以近乎掠夺，倘所派稍有不遂，则辱打、掠夺、枪杀亦随之而至。

至于便衣，招摇撞骗已成惯用伎俩。彼辈为推广其所谓活动效果，亦大肆扩充。于是，由此而发生的第一现象，即为敌伪的便衣变为便衣，第二现象则为此种便衣或由敌伪便衣变成的便衣，彼辈平素所交游者，亦均为便衣，几乎成了只需有手枪一支即为便衣，或只需有手榴弹一枚，亦为便衣，甚至并无任何武器的流氓地痞，也为便衣。这些人挥霍成性，予取予求，民力交困，暗杀枪杀，无时无之。

因游击与便衣的骚扰，即虽昔为富商大贾，数日之间即变为赤贫。所有民众，均知此类司令、大队长、队长、便衣咸有鸦片若干驮，现金若干驮，花纱若干驮，手表若干，首饰若干，且无不衣冠楚楚。至于赌风之盛，令人难以置信，往往一场赌博，出入有数百万。而霸占良家妇女，也随之发生。其中虽有忠心为国的便衣，也因彼辈之名誉扫地而寒心，亦时有内讧发生。迨来凤山尚未收复（来凤山于7月26日收复），而对腾城残敌包围形势已完成（7月12日我军完成对腾冲城包围形势）以前，即7月12日至7月25日期间，县境以内，除城郊以外都已收复，攻击部队集中腾城近郊，此时凡无国军驻在区，均为此种游击便衣活动之地，而腾南尤甚。7月16日县政府自大地坡推进至曲石江南岸之邵大营，明悉此种情形，以为破坏军誉，为害地方，影响作战莫甚于此，乃一面商请20集团军总司令霍揆彰，将所有游击便衣一律驱赴敌后，一面严令拒绝无理要求，缉拿违纪害民者，解送严办，此种风气才略告平息。其后，20集团军总司令霍揆彰令枪决独二游击大队副和济成于大平街、冒充参谋之便衣张维于草坝街，此辈便衣与游击才略有收敛。和济成敲诈勒索在500万元以上，张维枪杀人民22名，奸淫妇女无数，掠索财物近2000万元。此一二人即以如此，合全体而计，腾冲人民所受的损失，实无法计算。然而此辈游击与便衣虽属敛迹，并未根绝，往往成国军来则走，国军走则来之情形，已成流寇，隐患殊深。

　　张问德先生说："如果投附敌伪的士绅与商人，以如此巨大的力量，在我的政府成立于界头时，群起辅助，虽敌伪多方胁诱，也不予理会。那么，敌人对于腾冲，必不能获得政治及经济上安定之基础，也必不能有如此坚强的工事，如此整理的设施，作为长治久安之计，而不致使我屡屡遭挫败于腾北。这样，我必能变更沦陷区的形势，而使我反攻经过的时期大加缩短。对于投附敌伪的商绅，虽然自以为保全了其身家，而不知其妨害国家至于如此。"

　　总的来说，汉奸及不良游击、便衣在腾冲沦陷至收复期间，对国家、对人民造成了巨大的损失与痛苦。他们在国难当头的时刻，不顾民族，不顾国家，为了一己私利，或投靠日本人，或当流寇，欺压百姓，鱼肉民众，为虎作伥，杀害忠良，阻碍收复行动。他们冠冕堂皇，衣冠楚楚，醉生梦死，若无其事。对于这些人，在法治的国家，正常的情况下，应严厉处置，依法惩处，并受到人民的唾弃与谴责。游击与便衣虽受到清理，但并未根绝；汉奸则更为狡猾，处理汉奸受到更大的阻力。因为奸伪与军政人员有勾结，如何处理奸伪，在腾冲收复后成为一个烫手的山芋。

收复腾冲

反攻腾冲,可以分为两个阶段。自反攻开始至高黎贡山全部收复为第一阶段,围攻腾冲城至完全收复为第二阶段。第一阶段自5月11日至6月21日,历时41日;第二阶段自7月12日至9月14日,历时65日。反攻期间,张问德领导民众积极供应粮秣、担任向导、慰劳军队、构筑工事、输送弹药、救护伤员、协助作战、清除残敌,全力支持了军队的收复行动。1944年9月14日,腾冲城光复。这是中国抗日战争中第一座光复的县城。"腾冲人民以'宁为玉碎,不为瓦全'的英雄气概,把入侵之敌全部埋葬在自己家园的瓦砾之下,创造了中国近代史上第一次把来犯的外国侵略军彻底消灭的光辉记录。"腾冲人民之所以能创造这辉煌纪录,是因为他们有一位身先士卒的抗日县长——张问德!

反攻开始

1944年9月14日,腾冲城光复。这是中国抗日战争中第一座光复的县城。"腾冲人民以'宁为玉碎,不为瓦全'的英雄气概,把入侵之敌全部埋葬在自己家园的瓦

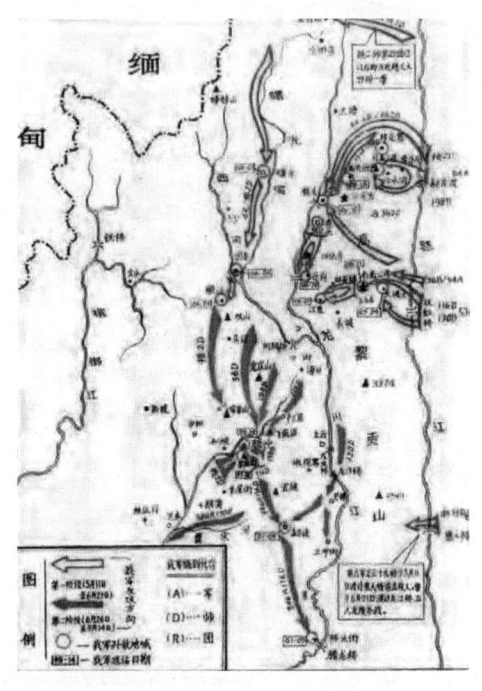

20集团军反攻收复腾冲示意图(1944年5月11日—9月14日)
(摘自李晓明、詹林、文华编《抗战中的云南:历史画卷》,晨光出版社2005年版。)

砾之下，创造了中国近代史上第一次把来犯的外国侵略军彻底消灭的光辉纪录。"腾冲人民之所以能创造这辉煌记录，是因为他们有一位领导有方、身先士卒的抗日县长——张问德！

张问德先生在《反攻腾冲前后情形报告书》中概述了反攻腾冲的经过及其得失。1944年反攻适当雨季，事属突然，远非敌人意料所及，故其效果明显。国军于1944年5月11日开始反攻。

最初进攻北斋公房的198师，于13日以一个团由凤瑞乡长吉济美任向导，自北斋公房以南之马家河山道越过高黎贡山，于15日收复马面关（马面关，初称马回关，是腾冲与保山、大理之间的重要通道）。此收复马面关的198师593团，为首先进入腾冲县境的部队。

20集团军总司令霍揆彰率部强渡怒江

民众为抗日部队赶运军粮和弹药

腾冲民众知国军反攻,且知反攻兵力雄厚,惊喜异常咬紧牙关,忍受一切,尽到其应尽责任,支持一切。

反攻第一阶段,高黎贡山全部攻克,自5月11日开始反攻至6月21日收复江苴江为止,历时41日。5月13日起,自北斋公房以南之马家河山道、石门坎山道及南斋公房以南路心山道越过高黎贡山者,计先后有198师1个团、预2师3个团、36师3个团、116师3个团、103师2个团。此12个团粮弹补给,除弹药由空军及后方勤务部队担任而外,粮秣全由当地民众补给。截至6月底,除马料供给外,仅军粮一项供应即超过200万市斤;截至7月底,总计近500万市斤。

军民合作

收复腾冲,离不开军民合作。然而在军民合作的过

中国远征军包围腾冲城

程中产生了一些矛盾。当国军反攻部队越过高黎贡山，而南北两斋公房隘路尚未攻克时，县境以内并未设置兵站。最初，民众激于义诚，自动煮饭，连同蔬菜一并送往阵地，这样的事情很普遍，且几乎持续了十多天。其后，因民众均居住在高黎贡山西麓，财力有限，这种送饭现象便告中止。反攻各部队从小道进入龙川江东岸，大都并无运输力，而部队多分散，一般伪乡保甲长又多在逃，新任乡保甲长又多数在战地，无法执行任务，因此部队食米，大都就近取用，民众亦尽量供应。然而，至存谷已尽无可供用时，部队食米发生恐慌，于是不自然现象自然发生，民众因畏惧而逃散，因此秩序大坏，亦因此而渐有屠宰耕牛之事，此种现象随即经常发生。县政府于6月22日返抵县境，各高级将领亦先后推进，这种现象才得到改善。究其原因，因地形困难、运输能力有限，而兵站机关于6月21日两斋公房隘路完全收复后，延至7月5日，约两星期始见推进，由于推进过迟，演变成无人负责现象，为最大原因。

在兵站机关迟到两星期内，县政府先行划分地区补给粮秣，直至7月5日兵站分监部到达，此种责任即归分监部担负。然而，分监部未能携有颗粒来补给，要求县政府以腾北民夫万名，在十日内，将户帕存粮60万斤运至江苴街。户帕为潞江东岸距双虹桥约30华里的一小镇，距江苴街约180华里。当时江苴街附近，人民新归附者寥寥无几，此1万名民夫，几乎是集合腾北全体民力。然而当时人民情况，供应军粮除马粮不计外，仅人粮已近250万斤，几乎到了罗掘俱穷的地步，如果将户帕存粮运至江苴，至少可以供应军粮10日，以后部队推进，人民负担自可减除，故有人民自愿代运。然而，兵站认定江苴至户帕来回只需4日程，故民夫每运军粮60斤所得的待遇，只肯给食米6斤，盐1两2钱，副食国币40元。县政府再次论争，但没有再加。于是，县府将此60万斤米，分配于古永等十乡镇。然而雨季，通过山道困难，潞江烟瘴甚炽，民夫背负重量不能达到预期规定。故户帕运粮，几乎用45日方始完毕，民夫因染瘴疫而死者已逾500，病者犹多。

而同时所发生二事：一为霉米问题，原由兵站所囤积之米，对于通风与防湿，颇多不能注意，以致发生霉烂，成团成粉，兵站不肯接受。张问德认为，以县政府在大塘子汉龙暂驻待机7日中，食米缺乏，向兵站借米500

斤，其中即有近300斤霉米来看，此实不能由民夫负责。而且，即使民夫未能携有完备雨具，但由户帕至江苴行程中，无论如何，即虽淋雨亦不能即霉成粉团。其二则收发两方兵站的秤有差异，故数量差去十分之一，即60万斤米运到江苴时，按兵站计算，仅53万余斤。由运粮而引起的这两件事，在张问德提出辞去腾冲县长职务时，还没有获得完全解决。

截至7月底，全县供应军粮，除马粮一项而外，仅人粮一项即近500万市斤。这时，来凤山已经收复，包围腾冲已经完成，大军均已离开龙川江两岸地区，集中城郊附近。关于粮秣补给，实际上兵站仍无法负责，各部队对于粮秣补给一事，实际上均有与其求各兵站，不如求乡保长的心理，故直接向乡保长要求军米。而一般部队领粮军士，又以杂兵为多，对于军纪平素均无严格要求，这些人到乡保公所领粮领料，几乎无所不为，于是乡保长被捆被打，时有发生。在原来产米较少驻军较多较久的地区，中产以下人民无米可食，其能以荞麦充食者反为上乘。另一方面，由于军粮缺乏紧急的缘故，米价暴涨，每斤需国币50元，且市价已有超升达60元的记录，民食堪忧。县政府乃将地方粮食实际情况通报20集团军总司令霍揆彰，并建议即向梁河、盈江、莲山各设治地区筹购军粮，如果能筹购500万斤，即能维持两个月。而兵站分监部反于8月7日召集各乡长强迫其写下保证书，认购军粮200万斤。会后，各乡长到县政府陈述情形，经再三考虑，由县长向

盟军空军对来凤山实施轰炸

中国远征军收复来凤山

霍揆彰司令要求,减为150万斤,其中包括各乡镇富户捐送的53万斤军粮在内。并议定在8月7日以前供应的军米,一律不给价不换收据,不抵除未来征实;在8月8日以后供应的军米,给价换据,抵除未来征购。惟因秩序无法维持,已经供应500万市斤中,能领得单据者,无论其为正式印领或为便条,仅及半数。至于马料,县政府已经奉到明令,"战时改善军队生活代购食油、燃料、豆麸皮、马草等办法"已经废止,国军副食马料均由国家补给现品。而兵站认为马料按例由地方筹购,不能抵除征实征购,县政府于是同兵站进行交涉。

除以上所论及的运粮、供粮问题外,还有民力使用的问题。关于民力使用,除户帕及禾木树两线运粮的民夫外,尚有附城各乡对于攻城的协助。合计全县使用民夫达35000人左右,此中实多浪费。例如,清水乡军米须送达上云兵站,而驻在清水乡部队又须往上云兵站领粮,清水、上云相距约80华里,清水民夫既须送军粮往上云,又须为驻在清水部队往上云领粮。清水向兵站要求直接由驻在部队拨领,并不获许,此根本用意何在,莫可究诘,而于民力的使用,极不经济。又如自惠人桥、龙文桥修复以后,补给路线已经缩短,可由保山经由蒲缥,越过潞江,再经禾木树至腾冲。自此线通行以后,在8月上旬以前,腾冲民夫4000人,驮马驮牛2000匹,合计共8000人的运输力,前往禾木树接运粮秣,竟空手而回。

县政府入境后,即通令各乡镇组织合作站供应部队所需,借以安定秩序,维持军纪。然而,兵站虽经通知,并不规定各部队的日需量,于是造成物力无限制消耗,因而各乡镇对规定价与市价之间的差额赔偿,实在惊人。

凡此均系由军粮补给,以至因人力物力消耗,地方所受损失极大,几乎造成人民求死现象。其责任应由兵站

中国远征军战士向最后一个敌堡发起攻击

负责。司令部所派联络参谋以及随军记者,皆批评兵站事前无准备,事后无补救,而于事前事后之间,又无统一适宜计划,此实为反攻中一大污点。

民情虽然如此,而对负伤官兵则爱护备至。物品及精神上的慰劳自不用说,尤其食品慰劳,几乎到了无时无地无不补给,并展开一种民众自发的慰劳运动,尤其以妇女为多数,其情绪热烈,值得赞扬。

县政府在大理时,曾奉腾大师管区李司令命令,经奉军管区命令,指定滇西敌我缓冲区为滇康缅特别游击总部征补区域,并指定征补该总部缺额为1029名。当时地方沦陷,无法遵办。等到高黎贡山完全收复,县政府推进大地坡时,第四区督导员王大纲报告,请准滇康缅边区游击总部第五纵队司令杨文榜公函:"以准腾大师管区带电,划腾冲、龙陵、梁河、盈江、莲山、陇川、瑞丽、

潞西、碧江、福贡、维西、泸水等12县局为该总部之征补区域，经该总部划定，腾龙两县为该纵队之征补区域，并规定每乡镇征

和顺乡的女青年演出抗日文艺节目，慰问反攻滇西远征军将士

调40名，请予协助。如何，请核示。"同时又得滇康缅边区游击总部副总指挥董仲笆私函，该总部亦"征调每乡镇75名，请予协助"。当以原日奉腾大师管区李司令代电，划敌我缓冲区为该部征补区域，现在地方既已收复，实非缓冲区可比，规定之缺额征补1029名，又未指定腾冲配征额为多少，无从办理，且划定腾冲及其他11县局为该总部征补区域，县政府并未奉到命令，且腾冲配征额究竟为多少，亦未有规定。如果该总部须在每乡镇征调75名，第五纵队须在每乡镇征调40名算，合计每乡镇征调115名，全县有27个乡镇，总计应征调壮丁3105名。仅腾冲1县已有如此巨数，合12县局而计，其数目虽难以确定，却不近合理。且不能仅凭该部副总指挥一纸私函及属员一纸报告，即可办理。于是，县政府一面由邮转电，请滇西边区专员李根源代向军管区请示，一面通饬严令各乡镇，非奉县政府命令，不得起征。于是，各乡镇报告纷至沓来，该总部及第5纵队征兵人员，已经遍布各乡，士兵带着武

我抗日部队用喷火器肃清腾冲城边的残敌

中国远征军前线部队在腾冲西山坝缓坡地带设置的空投标识

器来催交。而于一乡中,所派来征新兵的大队长、中队长、队长多如牛毛,此索50,彼要100,其来由毫无头绪可寻,地方秩序因此大乱。乡镇长与该总部及第五纵队所派人员,争执层出不穷,壮丁于是逃散,影响运粮,这种情况在当时少见。这时，该总部正式公文也到，于是就据理回复，请予暂缓，应等请示后再办，并一面再由邮转电滇西边区专员李根源转向军管区请示。当时，20集团军总司令霍揆彰亦认为，游击部队在战时战地征兵，影响作战，代电在该集团军作战地以内，任何部队征兵，可予拒绝。同时，中国远征军司令卫立煌也电令制止非法征兵，并将该总部及其所属部队调往芒市，离开腾冲。继而，该总部副总指挥董仲笆根据形势，也复函暂缓征调，候县政府得军管区回示后再办，并撤回征兵人员。征兵即暂告段落，地方略觉安静。县政府鉴于局势严重，民众痛苦，乃以第三电请军管区转请免征。征兵案尚未完毕，而地方壮丁经该部强行拉去者，也大有人在。且各乡镇保长于应付困难中被打骂者，亦更难以笔墨形容。

　　征兵的事情未解决，又产生了征马的纠纷。征马的情况有两种：一为征用，一为征购。反攻部队原有骡马，包括后方勤务部队中驮马大队及部队中辎重、通信、炮工兵部队，共约有6500匹。高黎贡山战斗时倒毙过多，如驮马第一、第二两大队，原有骡马约1050匹，至高黎贡山战役结束以后，仅剩有80余匹，此种倒毙数字实属惊人，因此运输力极其缺乏。围攻腾冲时，不得不征用民马辅助运输。此种辅助运输的民马，虽由部队供给马料，然而由于不属部队所有，且马不会说话，故于饲养及使用上，均不加以爱护，同样倒毙甚多。而征购的事情则与各游击部队有关。征购马匹的官兵，挟其游击惯习，分配定额，向各乡镇限日索取。虽名为征购，而实一文不名，甚至不征购马匹，专事骚扰，故捆押吊打乡镇保长之事时有发生。而其搜索所及，几至妇女裹脚布亦不可免。县政府后曾下令，拒绝此种非法征购，而辑办滋事官兵。并请20集团军霍揆彰总司令饬各部队，对征用予以改善。

反攻期间，前期军纪以198师为最佳，而以后方勤务部队为最坏。在反攻前期，县境以内并无兵站及后方勤务部队，败坏军纪事件，以游击及便衣为多，而在部队间仅表现于搜集粮秣及宰杀耕牛。及至游击、便衣悉被驱往敌后工作，同时后方勤务部队入境以后，情况有所不同。后方勤务部队之第一现象，即为经商。故在早期江苴、太平街等地，几无人民营业买卖，全属士兵售物市场，其营业物品以纸烟及食品为多。此种后方勤务部队大都缺乏炊爨器具，又因民家铁锅及旅行赶马所用罗锅遭受损失，同时为打草鞋而搜索苎麻及破布，最初波及衣服，继而波及食品，继而因搜寻柴火而波及房屋。此种风气迅即流行于部队中，尤以输送部队为然，所有菜圃，往往一日之间即成一片荒土。此种部队，本身于输送实力既嫌不足，遂又不得不征用民

民众骡马队往前线运送弹药

夫。虽经规定，应有团长及独立营长以上正式公函，说明用途及需要民夫数量，经过核定以后，派由军官交涉，再行派遣，然而实际上多以士兵交涉。士兵教育程度既差，且多属杂兵，管教又极不良，他们到各乡保公所，首先要求招待。各乡保公所均属困苦异常，至不能如其所要有肉有鸡，因此摔碗之事甚为平常，而乡保受辱亦随之而来。派遣民夫如以理拒绝，则枪托、木柴、板凳等，均成为士兵的器具。其所派遣出差的士兵，往往亦向乡保公所索乘马，若不派给，定被捆打，若予派给，往往又一去无回，而人民尤多受此压迫。于是演变成除少数公务员及少数乡镇长而外，因征派驮马、征购骡马及索要乘马的缘故，民间几乎没有了马。

反攻腾冲，可以分为两个阶段。自反攻开始至高黎贡山全部收复为第一阶段，第一阶段自5月11日至6月21日，历时41日；围攻腾冲城至完全收复为第二阶段，第二阶段自7月12日至9月14日，历时65日。反攻自5月11日开始，至9月14日腾冲收复为止，历时127日。当6月21日江苴收复以后，高黎贡山战斗结束，反攻全军停滞于龙川江东岸达半月以上。其时，由高黎贡山撤退的敌人，得从容大部回援龙陵。而据守腾冲城残敌，于是得以利用国军停滞于龙川江东岸半月以上的时机，从容布置，以加强其阵地，导致收复腾冲时间延长，代价增加，此实为反攻中一严重失误。

反攻期间，民众表现，除于粮秣、输力、向导、慰劳、救护诸方面已有最高评价外，最值得称道的为清除残敌。尤其以凤瑞、瑞滇、龙江三乡为最著，其功应归第四区督导员王大纲、凤瑞乡乡长吉济美及第二区区长刘福铭。计俘敌11名，毙敌32名，掳获步枪13支及文件、药品无数。

日落滇西

腾冲收复前一天，残敌数十名自城东突围。突围之敌分朱辛街、河西及小坝湾三个方向窜逃。以窜逃小坝湾一股势力较大，由小坝湾窜上云，经太平街、马站街以北，越碗窑河口出饼口，入古永，直至10月2日始肃清。

县政府于反攻开始后第7日，即5月17日，离开保山，行抵李家寺，18日行抵瓦房，20日行抵四棵树，21日行抵打朗，23日移驻汶上等待时机。6月13日推进打朗，15日推进大塘子等待时机。21日推进南斋公房东15里之黄心树，22日返入县境，驻江苴东北5里之早三，恢复行署，行使职权。7月16日推进腾冲城东北30里之邵大营，8月1日推进离腾冲城10里之罗琦坪，进入腾敌大炮射程以内。7月12日我军完成对腾冲城包围形势，7月26日收复来凤山，8月2日开始攻城，8月13日第二次总攻，21日第三次总攻。国军控制南城、西城两面，而向城内之敌作逐屋攻夺战。

8月22日，县长张问德进入城南市区视察战地。9月

初，残敌拟于空军掩护下，由腾冲城西北角的拐角楼向大盈江新桥河突围，企图经由缅箐、盏西转进八莫。然敌之企图，于9月8

盟军飞机空投物资

日一次空战被我击破，遂被我全部歼灭在腾冲。被歼灭之敌，自敌148联队联队长藏重大佐以下，计2000余人。

国军反攻部队计36师、116师、130师、198师、预2师5个师附重迫击炮1个团。在第一阶段中，预2师进出马家河山道，收复桥头、固东，首先进逼腾冲城近郊；36师于大塘子攻势顿挫以后，进出石门坎山道，再克桥头、马面关，收复瓦甸，下腾冲城北郊；198师首先进入县境收复马面关，并收复北斋公房山道；116师、130师收复大塘子、南斋公房山道及江苴，116师首先收复满金邑，进逼腾冲城市区。在第二阶段中，130师展开于猛连东西以迄梁河一线，以掩护攻城；预2师收复来凤山，并与198师、116师进攻腾冲城；36师协助预2师收复来凤山，并首先完成攻城任务，即

在轰炸中毙命的腾冲日军最高指挥官藏中康美大佐

转于腾龙桥以南,参加攻克龙陵战斗,并遏阻龙陵之敌向腾冲增援。计阵亡团长2名,伤亡官兵近万。第二阶段的攻击中,随军行动协助作战者约5000人。当时动员民众参与户帕、禾木树、黄草坝三线运输粮弹,部队间追送、后送工作,以及向导、侦探、递传、构筑工事、担架救护,先后计达45000人。地方供应军粮计830余万斤,马料210余万斤,民间因付出马料、副食品、燃料、军粮之市价与规定代购价间之差额补贴,达5.6亿万元,民众因协助作战死于阵地,及因辅助作战勤务死于补给线上者,共约900人。腾冲县政府职员,皆能尽到其应尽之责任,因经费无着落,本着硬干苦干精神,科长科员每月仅得三四百元,以500元为最高,辛劳难以形容。收复以后分别呈请奖叙,仅由民政厅"传谕嘉奖"。腾冲城收复以后,掩埋所遗弃敌尸约600具,将城区敌我在作战期间所做之障碍物及堡垒等,悉数拆除,借以复兴市面,将民间纠纷经伪县政府判决者,一律宣布无效,并移驻市区办公。

侵略者的尸体

"有位日本教官上课时问学员：'中国最成功的歼灭战是何战役？'有人答以'赤壁之战'。日本教官说：'赤壁之战曹操和几位大将都逃回去了，我看腾冲之役才是中国最成功的歼灭战，因为日本军队全军覆灭，一个也没有跑掉。'"如果说，腾冲之战日军无一漏网，是一个历史之谜，那么，看了下述一段文字，你就可猜到它的谜底。曾任预备二师参谋主任、某团团长方诚先生在《收复滇西之役》一文中写道：'本师开始攻击之际，白发苍颜之老先生，西装革履之少爷公子、男女学生、乡镇保长和民众等，均争相驮沙袋，担子弹，送茶饭；并有许多太太小姐，成群结队地跟着部队后面观战，好像赶会看戏似的。此时官兵精神异常振奋，几不知是在打仗。'"

县长隐退

64岁的张问德在腾冲收复后的40天,即1944年10月25日辞去了县长的职务。抗战中张问德先生没有被日本人整垮,抗战胜利后却被自己人"隐退"。张问德先生是务实的,腾冲收复时,他就将抗战中牺牲的将士安葬在腾冲"国殇墓园"中,以纪念滇西抗战中牺牲的人们。张问德先生是内敛的,不少人就抗战的事前来拜访,都被老先生拒绝了,不少人为抗战的事赞美他,老先生都只是一句:"我是中华民族的读书人。"张问德先生是敢作敢当,问心无愧的。当别人说,霍总司令已经两电省府弹劾他协助不力,贻误战机,他旦夕之间就会被捕,而职员惶恐不安时,他说:"县府之事,县长一人负责,勿恐。余无愧于心,何忧何惧!"张问德先生是耿直、正义、敢言的,因此被称为"三硬三正"的抗日县长。张问德先生,是腾冲人民的精神化身,是滇西抗战的旗帜,是云南精神的集大成者,是中华民族的英雄!

破败腾冲

正如《反攻腾冲前后情形报告书》中所说，战争使腾冲人民遭受巨大的灾难，我们所收复的腾冲已是千疮百孔。1943年2月10日至3月1日之"二一四"战役，腾北重要市镇如桥头、界头、瓦甸、固东、碗窑、阿辛街、滇滩、银盘街、刘家寨、马站等全为敌寇焚毁，当时家屋被毁，无家可归者，有1034户，至于难民更是众多。腾冲收复，城市房屋所余存者不及十分之二，居住问题无法解决。1943年秋收减产，又经敌伪掠夺，反攻期间部队在腾冲境内作战兵员数，包括后方勤务部队在内，使全县人口在粮食消耗上，增加近四分之一。米价在6月略能平稳，每市斤约在国币25元左右，7月上涨至国币35元左右，8月10日以前上涨至国币55元至60元之间，8月20日则已上涨至国币70元，9月仍持续上涨，在短期内有可能超过100元。腾冲收复后虽属秋收季节，但米价并无回跌的趋势，在新谷尚未登场以前一段时间中，曾有不少地区民众，以杂粮及植物充饥。且耕作时期适逢反攻，原有民力又大半转用于协助反攻，故秋收不足六成，1945年下半年民食如何解决，实在是个难题。

自腾冲沦陷以来，潞江因军事上需要予以封锁，民间保有法币大半用于疏散，又经两年来敌伪长期榨取，游击、便衣搜刮及反攻之消耗，既无物资，又无现金可以周转，原有生产事业大半停顿。本想恢复生产，但因财力、技术及人才方面的困难，而无法进行。

反攻所持续的时间，比过去历次战役都长，且战况又特别惨烈。加之掩埋工作又未能圆满进行，虽待战役结束后立即进行掩埋，因所过时间较久，未能掩埋地方多成枯骨，腐烂尸水四流，尸虫蠕动，臭气四溢。又值炎夏雨季，气候不常，因此时疫流行。桥头北20里的大塘发生传染病，数日间往往一户死绝。此种疫区已向西蔓延至茶山河，向南蔓延至界头以南高桥，而痢疾、疟疾、烧热等症更属普遍流行。且鼠疫亦由南坎附近向北蔓延，逐渐由梁河小萝卜坝继续窜向县境，而县境内卫生机关，因人才、经费、药物等问题，无法解决。

战后的腾冲城满目疮痍

腾冲人民在战时破坏下，在粮食恐慌下，在游击、便衣搜刮下，在散兵骚扰下，其生活几乎呈现贫富等齐、停滞的气象。

冲突激化

就在腾冲收复，腾冲人民欢喜的时候；就在腾冲千疮百孔，等待复兴的时候；就在日本人日落西山，张问德的事业蒸蒸日上的时候；就在腾冲人民最需要张问德，张问德最富有激情的时刻，64岁的张问德在腾冲收复后的10月25日辞去了县长的职务。有人说"抗战胜利后，老人心定神闲地真正退隐乡里"；也有人说"腾冲收复后，先生功成身退"。这种说法看似合理，因为"功成身退，天之道"嘛。更何况，张问德先生自己也多次说："县长于从事抗战工作三年以来，鉴于腾冲已经克复，而精力已衰，须予修养，乃辞去职务。"但是，事实上，并非如此，"自余在职之全部时期而言，三十三年八月一日至余去职之日，为余最黯淡经营之时。回忆战区两载，八越高黎贡山，六渡潞江，虽屡濒于危而化险为夷……不意于余之责任即将达成之时，反使余之政府陷入孤立危险之阶段"，他应该是不想在此时下台的。因为卸任腾冲县长后，张问德还担任过顺宁县长，并颇有政绩；因为在他的书里，他屡屡提到卸任的原因；因为张问德卸任后，直到逝世还对此事耿耿于怀。"余固知余之去职，实在有负于地方与忍受三年来压迫牺牲痛苦而无言之民众，然则余以为局势如斯，情况如斯，余亦殊无能而有所可以作为者，若余犹不辞职，必致有误地方，与其有误，不如负之。"那么,究竟是谁,究竟是什么事,迫使功勋卓著的抗日县长张问德下台?

导致张问德下台的原因,张问德先生在《偏安腾北抗战集·秋生草堂诗文录》中归纳说主要是军粮、贪污、汉奸等案,实际上也正是如此。而这些案件,都与一个人有关。他,

反攻腾冲期间霍揆彰中将在20集团军司令部驻地和顺图书馆内留影

就是20集团军总司令霍揆彰。张问德与霍揆彰曾在反攻中亲密协作,共同抗战;张问德管后方粮草、救助伤员,霍揆彰负责攻城池、杀敌寇。那么,他们又是何时何地因何事而产生矛盾的?

董官村在腾冲颇有名气。腾冲有四大名商,"东董西董,南刘北邓"。董官村是"西董"的庄园。董官村,对张问德来说也是一个极为微妙之地。历史真是出乎人的预料,董官村本是田岛邀请张问德会谈之处,因为董官村,张问德名满天下,成了有口皆碑的"抗日县长"。

然而，也是这个地方，让张问德此后的日子更加不好过，工作受到更大挑战，揭开"霍张纠纷"的序幕。反攻期间，董官村曾是20集团军司令部所在。就在这里，张问德与霍揆彰就军粮问题进行会谈，结果双方不欢而散。

导致霍揆彰与张问德之间产生矛盾的原因，首先是军粮问题。在反攻期间，主食品虽由兵站补给，而已演变成全由地方供给之现象。自实行征购军粮以来，各部队粮秣，事实上如等待兵站补给，依于经验，常有忍饥挨饿之虞，故以直接向乡镇索取为主。于是，各部队派队往各乡镇公所强取。乡镇公所虽经拒绝，请求向兵站领取而无效。各乡镇保公所存米有限，于是部队便起竞争之心，因此而形成抢运状态。于是，乡镇保公所里常常集有取米士兵百余人，驮马数百匹，你争我夺。结果不得者便归罪于乡镇保长，从而引来辱骂捆打，弄得上下不安。地方人民于粮食极度缺乏之时，忍痛供应，希望早日收复，取得胜利。然而，因此种现象之继续，民间扰攘不堪。而兵站竟宣称交由部队领受之军粮，不做150万斤之征购额，此实违反原先的协定，且各乡镇准备的军粮与原先规定的相差太多，如按兵站要求而重行分配，实在力不从心，因此上下骚动，秩序不稳。1944年8月31日，张问德发电，向20集团军总司令霍揆彰力争维持原议，因此造成军政两方不能愉快的结果。电文内容见附录二。

就在部队食粮的困难声中，仍有倒卖军米、马料之事，亦有少数因副食费及其他费用缺乏，向大户贷款的事情发生。不贷则已,若贷,动不动就数百万,甚至有贷食盐数千斤的情形,而各街常常有士兵甚至官佐出售盐及公开赌博的事情。此种事件愈演愈烈,士兵对于鸡猪小菜予取予求,转瞬即成为市场上的发售品,此种情形亦渐波及布匹、花纱,一般民众均侧目而视。此种情形在阵地后方及较远的乡镇更为严重,于是强取而美其名曰赠送者,更为普遍。然而,霍揆彰并没有同意张问德的要求,他也没有像以前处理征兵、征马案时一样支持张问德,严厉要求其下属。相反,霍揆彰向云南省政府进行控告,要求处理张问德。张问德也就此问题,向云南省政府主席龙云做了报告,并请龙云回复马料是否可以抵除征实征购。张问德是耿直的,他不畏强权,为民众利益直言不讳:"于反攻中,后方勤务机关未能尽到其应尽之责任,使一切供应均不能圆满。腾冲供应830万斤之军粮,足能供应反攻腾冲之部队而有余裕,然当时之情形,竟至将士枵腹作战,民众叫苦连天,粮山刮尽,军犹乏食,是谁之过?兵站分监段钟祥者,其人粗暴而贪,声似豺狼,动用威权征购军粮一事,不守方案,拟压迫民众超额付出。余非不知余之为民请命,实足以加深摩擦,然职责所在,断不能因摩擦而终缄默,更益以一般奸伪借此兴风作浪。"

接着是贪污、汉奸问题。腾冲收复后,处理奸伪成为重要问题。如何处理伪县长钟镜秋、伪商工会会长李子盛,这在当时有两种意见。一方以20集团军司令霍揆彰为首,试图袒护他们,主张对其从轻处罚,至少要保其性命。另一方，以腾冲县长张问德为首，力图严惩抗战中投敌的奸伪，处死钟镜秋、李子盛、杨吉品等罪大恶极者。就如何处理奸伪问题，双方争执不下。

对此事，张问德的女儿张幕兰是这样叙述的："1943年5月，霍揆彰司令为了要活动到昆明当警备司令官，需要一大笔资金。为此汉奸县长钟镜秋、汉奸杨吉品、李子盛3人拿出黄金和大洋贿赂霍揆彰以求不死，霍揆彰拿钱后为他们3人开脱罪行，反而说他们有重大立功表现，并邀请父亲同他们见面，父亲严辞拒绝说：'要我这个堂堂皇皇的抗日县长与汉奸县长同流合污吗？如果这样那又何必抗战呢？钟镜秋他们一定要严惩！我不见他们。'霍司令见状默然不语。这以后，霍揆彰背着父亲叫了几个社会知名人士和6个乡镇保长签名盖章，联名上书不要杀他们（指钟、杨、李3个汉奸）。父亲气愤地说：'他们是腾冲的大汉奸，是腾冲人民的罪人，为什么还会有人愿意保他们！'父亲立即采取果断措施，将6个乡镇、保长撤职查办，并通告全县。结果，霍揆彰还是把钟镜秋他们3人放走了，父亲知道后立即报告云贵监察使李根源先生，李先生立即把父亲的报告呈交给蒋介石先生，蒋先生同意父亲的报告，电话通知要重新将其逮捕法办。"

章东磐在《父亲的抗战》里是这么说的："那么多人讲钟镜秋没有祸害百姓，而且从日本人手里保出来过中国军人，看样子都不会假。而且钟镜秋还给中国军队送过情报,也是真的。要不然霍揆彰上将给他说情也没有缘由。更何况中国军队一发动反攻,还没有越过高黎贡山,钟镜秋就主动迎上来了。熊文定老伯告诉我们,那时张县长带着他随集团军司令部一起行动,钟镜秋也在,也没有拘押,还经常和张县长在一个桌子上吃饭。想必霍总司令给钟镜秋有个底线保证,不会要他的命。

"我问熊文定老人,钟镜秋送情报是从什么时候开始的?熊老伯肯定地说,反攻快开始的时候,更早的没有。我知道这是张问德判断钟镜秋是否汉奸的关键时间点。因为1943年底,中国驻印军已经发动了从印度向缅北的反攻,到1944年春天,这种攻势已经不是日本人可以抵挡的。这样的信息钟镜秋不会不知道。而怒江战役的随时可能发动,日本人也心知肚明,所以赶着往高黎贡山运弹药,赶着在腾冲城里建地堡。加上在云南的天上,日本飞机几乎绝迹,空中隆隆作响的都是身躯巨大的美国轰炸机和双身子战斗机。这一切都明白的宣示着,滇西的日本人要完蛋了。

"钟镜秋是聪明人,以至聪明到日本人来了他不逃不躲,直接以无业官员的身份和日本人合作,认贼作父有时是最保险的不光彩行为。当然那时候中国军队兵败如山倒的势头也确实让滇西父老绝望。可今天,中国军队又要打回来了。钟镜秋毕竟是中国人,我相信他骨子里还是不甘心管日本人喊爹的。包括不祸害老百姓,包括想办法救出中国军人,都是内心情感使然,不是装的。他在开始给国军送情报的时候，不管有没有用，应该也是真心希望中国军队打回来，因为这种事被日本人知道了还是凶险呢。

"就这样，钟镜秋主动溜出腾冲县城，跑到高黎贡山上迎候远征大军，辗转投奔到了司令部，又跟随部队一路打到了腾冲，然后，被收监了。下令拘捕他的，即是不动声色和他同桌吃了好多天饭，此时兼任了远征军20集团军少将军法官的张问德老先生。

"那时候的体制有点说不清楚，张县长本是一介书生，一转眼又成了军法官，而且有军衔，还是将军。没有人告诉我老县长那时候穿不穿军服，反正惩处汉奸这事归他管了。那一阵，就掀起了后来被人描述为军政矛盾的大冲突，说透了，只为杀不杀钟镜秋。

"当地上年纪的老乡说，十几个乡长联名上书保钟镜秋；霍揆彰上将还放出狠话：'你要杀钟镜秋，我就枪毙张德辉！'张德辉是当地名医，曾留学日本，是张问德的好朋友。沦陷时期也曾为日本人提供医疗服务。为了证明杀钟镜秋不足以服众，老乡回忆说，那天枪毙许多汉奸，前面的押出来大家鼓掌叫好，而最后杀钟镜秋的时候，乡亲们为他铺了红地毯，钟镜秋着长衫，戴礼帽，也没用绳子捆，还向送行群众拱手作别，慨然受死。真是像电影里蒙冤的义士一样。

"远征军惩治汉奸的程序设计还是严格。张问德挂少将衔，主持军法审判，上将司令官无法干预，可见那时已有了司法独立的清晰认知。要是放在领导给法官动不动递纸条、下批示的年代,不仅钟镜秋死不了,连不识抬举的张问德都得被办了,因为群众有呼声啊。

"可为什么张问德顶着那么大雷,非上下不讨好地杀掉钟镜秋,而不愿意稍微抬抬手,仍然依法严惩,但念其确有悔过表现与立功情节,给他留条活路,自己也乐得做个顺水人情呢?我们就此询问熊文定老人。那几年,老人追随张县长左右,就像勤务兵一样服侍老县长。熊老伯告诉我们,在是否枪毙钟镜秋和另一个上了年纪的汉奸维持会会长李子盛问题争论最激烈的时候,张问德县长说过一段话:'如果钟镜秋、李子盛可以不杀,每一个人都为了身家性命而投降,都可以不杀,我不同意。任何人都保身家性命,发国难财,俯首敌人铁蹄之下,那还何必抗战。'

"一席话真如醍醐灌顶,说得多好啊!多少仁人志士在国难当头的时候抛妻弃子,毁家纾难,出生入死,拯救国家,重新夺回国家尊严的时候被告知,那些投降当了汉奸,保住了身家,甚至还发了国难财的主儿都没事儿,这样的国家,这样的民族,在遭遇灾难的时候有可能英雄辈出救国救民吗?

"张问德非杀钟镜秋不可,当时和今天的许多人都不理解,可这不理解,也许恰恰是我们产生汉奸的文化基础,我们这个民族自古以来对于生活作风之类个人品德上的小节过于严苛,而对忠诚、正义这些大是非上的过错又太过宽容了。当时所有责难张问德的人,每一位都不会比老先生年纪更大,但还有谁在国难当头之时毫不迟疑地站了出来，挽狂澜于既倒，在那片沦陷的国土上扛住了摇摇欲坠的国旗呢？张问德先生在审理汉奸的事情上押上了自己一生的美誉与清名，他义无反顾地杀掉了参与锯倒国家大树，拆掉家园之巢，而却救护了几只落难小鸟的钟镜秋，把对自己的争议留给了后人。他要用长久的争议时时提醒我们，对于'仁慈'的卖国者，是永远需要有人来赌上英名、赌上勇气、赌上对你人品的非议去把他杀掉的。"

其实，处置奸伪一事，张问德先生在《偏安腾北抗战集》里说得很清楚。伪县长钟镜秋，除征收烟亩税、耕地税及为敌人囤积80万箩粮食而外，兼利用势力与时机经营商业。其所获之纯利润究竟有多少，尚无确切证据，据传有数千万。与章东磐《父亲的抗战》叙述不同，《偏安腾北抗战集》记载钟镜秋于反攻开始，国军进攻高黎贡山时无所举动，直至国军兵临腾冲城下时，目睹日寇途穷势竭，于是翻然来归，美其名曰"投诚反正"。以上张问德指控钟镜秋的内容，出自《偏安腾北抗战集》中的《反攻腾冲前后情形报告书》。该报告书系1944年8月28日腾冲县长张问德呈云南省政府主席龙云之报告，并载于《云南文史资料选辑》第39辑，称之为《关于反攻前后各种情形报告书》。而《父亲的抗战》一书出版于2009年，距当时已半个多世纪。故钟镜秋的"投诚"以张问德所说国军兵临腾冲为准。前面说过，据张问德先生《偏安腾北抗战集》，反攻腾冲，可以分为两个阶段。自反攻开始至高黎贡山全部收复为第一阶段，第一阶段自5月11日至6月21日，历时41日；围攻腾冲城至完全收复为第二阶段，第二阶段自7月12日至9月14日，历时65日。反攻自5月11日开始，至9月14日腾冲收复为止，历时127日。当6月21日江苴收复以后，高黎贡山之战斗结束，反攻全军停滞于龙川江东岸达半月以上。那么，7月12日围攻腾冲城时，钟镜秋才前来"投诚"。钟镜秋最初在预2师师部，其后转解20集团军霍揆彰的司令部。同时，敌伪势力之伪商工会、伪低利银行、伪新华公司、伪东亚公司、伪协新公司、伪日新公司等的主要分子、汉奸何世隆、杨聪林、董某、瞿某等，均被部队扣留。实际情况是，伪县长钟镜秋、伪县政府秘书伍某、伪商工会主任何世隆、伪维新社长杨吉品及其他主要分子孙某等均在霍揆彰的司令部，伪商工会主任董某在挺进纵队，瞿某在53军。至于县政府，经各部队送交获得奸伪数十名，经过严密调查，这都是一些穷乏走卒长扶之徒，或因生活压迫，或被威胁。故分别其轻重，拘留长短，交保释放。

然而，汉奸们因利用敌伪势力为奸作恶之故，均各拥有数千万元乃至数万万元之财产，遂有名为扣押，实为保护，借此敛财之事。甚至有公然给予委任，任其穿着军服逍遥法外，而没有谁敢对此有非议。于是，不但军纪扫地，而且导致忠奸不分，全失国家体统。其后，何世隆、杨聪林虽经霍总司令严令解送总部，而如董某、瞿某、孙某等，于腾冲既克部队全撤之后，反而消息全无，不知下落。

钟镜秋以出任伪商工会董事长，与各商互相勾结图利，同恶相济之故，遂于各伪职奸商之心目中，钟镜秋实为一好人，不可多得之民政官，日夕阿谀，而不自知为巨奸。故于钟镜秋被获于霍揆彰司令部以后，初则安排钟镜秋会见张问德，而遭张问德的拒绝；继则散布谣言，说钟镜秋将付诸民众裁判，无视政府，以窥张问德的意向；终则由明某、张某、董某、李某等24人，与和顺乡长寸某、小西乡长何某、下北乡长段某、洞山乡长尹某、绮罗乡长杨某5乡长向霍揆彰司令联名保释钟镜秋。此联名保释钟镜秋一事，实由附城回乡未经出走之士绅所为，而竟然煽惑其乡镇长，而乡镇长竟然参加书名署衔盖章，向霍揆彰具保。在当时首恶真犯无法处理，县政府羁押候办的尽属胁从之徒，一时引起民众普遍烦言。张问德事前并不知道，事后他才知道，如董某、李某等，呈报中虽然有其名字，惟并未经其同意，所有签押均属他人所为。于是，为扑灭传言，肃正法纪，将参加具保之乡镇保长撤职查办，并将钟镜秋的罪恶通报，电请龙云指示处理汉奸，因此演变成军政双方更加不愉快的事实，更加剧了群小的不满情绪。

其时适逢有群小搬弄是非，说张问德侵吞第4区之赈款50万元，并独吞伪商工会缅甸总分会会长杨聪林之黄金50余两。更有甚者，如伪中学校筹备委员长蒋某，向20集团军司令霍揆彰担保"倘非事实愿受死刑处分"。关于第4区赈款50万元一案，张问德于《三十二年度工作报告书》内已说明，当日在下关保管款项之谢式南，虽经屡次电催，始终未见解到。等到腾冲收复，谢式南方随慰劳团到腾冲慰劳国军，此50万元由其带回，案情始乃大白。至于杨聪林一案，则当张问德于反攻开始前，由大理推进保山途经下关时，下关腾冲商家正对杨聪林予以密切注意。他们获悉，杨聪林为加入敌伪活动之分子，自沦陷以来，杨聪林因活动所获得之利益，已有一部分转购黄金，存于下关腾冲商人张某处。张问德收到报告，于是就进行处理，令张某将代杨聪林保管之黄金数量具报，并命其继续保管。等张问德回腾冲调查，如果杨聪林果真是汉奸，再没收，即由张某呈缴，如果传闻失实，即由张某发还。当时，张问德手里，仅有"张××遵令代存杨聪林之黄金五十余两候令处理"一纸呈文而已。等到张问德辞职，将此呈文交与新任时，事情才水落石出。

张问德一定要严惩这些汉奸，还有一个重要原因。三年抗战以来，虽然腾冲沦陷，但每个地方所受破坏与痛苦不同，为收复所尽之力不同，收复后贫富也不同。第四、第五两区以及城保所受损失最重，而出力也是最多的，第四、第五两区因长期为县政府协助抗战基础的原因，奸伪少。腾冲收复后，第四、第五两区成为一片废墟，艰苦地进行恢复。有些地方，虽沦陷三年，但有些人却保全身家性命，趁机搜刮，大肆享受，变得极为富有。民众看到这种情形，自然不满，自然要求严惩汉奸。

因为汉奸背叛国家，出卖民族，贪图享乐，为虎作伥，鱼肉百姓；因为腾冲百姓家亡屋毁，妻离子散，血流疆场，食不果腹，历尽艰辛。所以，腾冲县长张问德不顾霍揆彰等人的不满与反对，将钟镜秋、李子盛、杨吉品、何世隆依法处决。

张问德遗著《偏安腾北抗战集·秋生草堂诗文录》

处决完汉奸后，1944年10月2日，云南省政府复电同意张问德辞职。10月25日，老县长张问德与新任县长刘楚湘进行交接，张问德悄然离去。

张问德卸职后，在大理期间，根据亲身经历，就抗战中的军事、政治、敌情、战况、转移、进退、粮秣、夫役、运输等情况，把散见于电文、函牍、报告、诗词中的记录汇编成书，定为八卷，名为《偏安腾北抗战集》。并在书后附统计概要表、通论、诗文录，细心校雠，铨定次序，缺者补之，讹者证之，石印成书。张问德先生的著作，是腾冲抗战的第一手资料，弥足珍贵。只是张先生的著作，有些已经亡佚了。如《偏安腾北抗战集》经"文革"浩劫，《公牍》下卷、《统计概要表》及相关图册已失。

在书中，张问德对国民党处理汉奸颇为不满："余自三十三年八月一日直至余交代之日止，因军粮、花纱、汉奸等案，与霍总部之争执，以及遭所谓绅商之忌，受肖小之播弄，遂致使敌人日夕欲离间我军政两方之合作于往昔而不能得者，乃竟实现

《抗战诗文录序》书影（手迹）

于腾城即将克复之时，可不为之寒心者哉！""地方出死力者既仅得薄赏，而一般奸伪投附敌寇者流，除钟镜秋、李子盛、杨吉品、何世隆已经伏法外，其余悉作漏网之鱼，甚至有趾高气扬，论列是非，于克复之后犹复出任要职，彼固不知人间有羞耻事，而实为无言之民众感觉不

平之最大原因。路人皆曰：'汉奸不可为而可为。'余则以为忠奸之分既已无别，则是非难明，倘他日不幸再遭遇有如是之事，尚谁能执干戈以起而相与勠力者乎？而诸多义士正人受尽困苦，保此人格，亦无以区别，恐因此而必致人心浮动，而使天下好人丧气矣，则来日之惨当必胜于此时，可大惧也！是则忠奸之分不能不明于今日，则得失之迹不能不昭著于将来，以彰社会公理而维国家正气也。"

魅力县长

张问德先生是务实的。当腾冲收复时，他就将抗战中牺牲的将士安葬在腾冲"国殇墓园"中，以纪念滇西抗战中牺牲的人们。在墓园中，还挺立着张问德的《答田岛书》。这里记载了70年前，腾冲军民惊天地、泣鬼神的抗

"国殇墓园"——这里安葬着3346名在腾冲战役中牺牲的将士忠骨

日战争,印证了"日落滇西"的传言。

张问德先生是内敛的。不少人就抗战的事前来拜访,都被老先生拒绝了;不少人为抗战的事赞美他,老先生都只是一句:"我是中华民族的读书人。"

张问德先生是敢作敢当,问心无愧的。当别人说,霍总司令已经两电省府弹劾他协助不力,贻误战机,他旦夕之间就会被捕,而职员惶恐不安时,他说:"县府之事,县长一人负责,勿恐。余无愧于心,何忧何惧!"

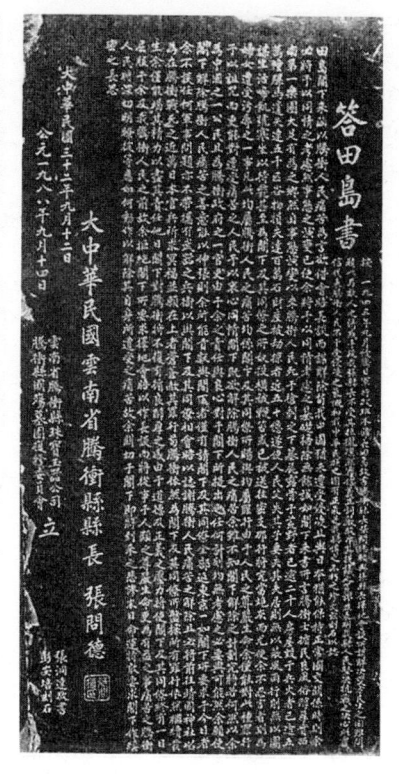

腾冲"国殇墓园"中的张问德《答田岛书》碑

张问德先生是耿直、正义、敢言的。他说:"直言之不已辱国耻乡,不言之是非颠倒,邪正溷厕,公论毁灭,正义扫地。昔韩退之召为史官,退之以为史官有刑有祸不肯就,且恐惧不敢为,书致柳子厚,子厚力驳之曰:'如以为史恐惧不敢为,则史官述无可托,为前古之为史者。'余亦曰:'以史为恐惧不为,则孔子不必

1946—1948年时任顺宁（今凤庆）县长的张问德

1957年的张问德先生

作《春秋》，董狐不必称良史，五千年来以无是非公理、贤奸邪正之存在也。然为史，所恐在是非不能明，邪正不能分，公论不能昭，正义不能伸，而刑祸所不恐。'余之《通论》，此物此志也。苟徇一己之私，可欺一时，不可欺百世，可掩饰一时之人，不能箝腾冲二十余万人之口不言。事实昭昭，在人耳目，铁证俱在，我从何得而为之隐晦哉！"张问德先生的《偏安腾北抗战集·秋生草堂诗文录》就是为探讨腾冲沦陷、腾冲抗战的经验与得失而作。

1946年至1948年，张问德任顺宁（今凤庆）县长。在此期间，据《顺宁县志》载："先生在任期间，整肃吏治，勤政爱民，严于律己，亦严下属及其子女，广集人才纂修县志，任职三载，卓有政声。民国三十七年十月卸篆归里，郡人献万民伞，沿街设香案送行，至今犹以循良称颂。"

中华人民共和国成立后，张问德先生任腾冲县政协委员、德宏州政协常委。1957年逝世，享年77岁。

张问德先生对祖国忠贞不渝，一生为国。他逝世后，德宏州政协题旌曰："忠恤千秋"。

张问德先生，是腾冲人民的精神化身，是滇西抗战的旗帜，是云南精神的集大成者，是中华民族的英雄！

附　录

附录一　张问德先生自叙年谱①

一八八四年，在家读《大学》《中庸》，日写影本数张。一八八五年，在家读上下《论语》，先君讲解。一八八六年，在家读《天时》《离娄》《告子》。一八八七年，在家读唐诗、《千字文》，学作"五比"。一八八八年，在家读《诗经》。一八八九年，在家读完《毛诗》一部，日临欧帖小楷三百字。一八九〇年，在家学习，受先打人训。一八九一年，出就外侍，受业四川杜子涛先生门，与李根源同学。一八九二年，是年旷学，先祖母沈太夫人弃养。一八九三年，受业剑川何翼云夫子门，读古文，作"八比"，日讲"四书"朱注。一八九四年，力攻"八比"、五言律诗，读"五经"，背诵"四书"。一八九五年，进州考岁应科，以疾未赴院试。一八九六年，入来凤书院，受业于寸晓亭夫子门，用力时文、诗赋，读韩柳文、李杜诗。一八九七年，仍肄业书院。一八九八年，应州考试，草榜有名，以复试题目字错报罢。一八九九年，受业于学官李子勤先生之

---

① 《张问德先生自叙年谱》，载张问德著，张志芬主编：《偏安腾北抗战集·秋生草堂诗文录》，云南美术出版社2005年版。

门。一九〇〇年，仍肄业李门。一九〇一年，州考首场列第一名，终场列第三名，应府亦如是，院试岁考入学。一九〇二年，是年居家学习诗文字。一九〇三年，居家课徒。一九〇四年至一九〇八年，课徒。一九〇九年，弃教入营。一九一〇年，兼办各防营腾冲文案。一九一一年，居腾越文案。一九一二年，充腾冲府司法科长，被选为众议委员。一九一三年，委腾冲关官银号正兼正关委员。是年冬卸关差，调署干崖弹压委员，供职八月辞职。一九一四年，调道署实业科一等科员，随杨筱生道尹蛮爱会案。一九一五年，提升腾越道署实业科科长，荐准以县知事存记。一九一六年，赴粤充两广护国军都司令部委员（授中校衔），不久辞职，西林咨送回滇。一九一七年，省委溪处官厅江外巡视铲烟委员。一九一八年，委腾冲边界盐务掣验委员，奉准以县知事入轮，尽先委用。一九一九年，应友约赴香港，充广东太平关监督署顾问，小住三月返滇。一九二〇年，委署芒遮板行政委员，与英员会修陇川边界界桩三棵。是年赴蛮爱，充会审边界案情初审官。一九二一年，调署盏达行政委员。是年冬充中缅昔马、蛮爱边案会审初审官，奉省电记大功二次。一九二二年，出巡清查盏达属与英国接界界桩十五棵。一九二三年，结束盏达祝宗云命案、昔马会案，解决杀死英属野人公布其命案。奉省电记大功一次。一九二四年，辞职居家读书。一九二五年，居家读书。一九二六年，居家读书。是年七月西军政变，地方迫摄县事三月。一九二七年，出游密支那，居八月赴上海。一九二八年，居上海将一年回滇，是年修养。一九二九年，流滇八月，任第三师咨谋官，并委充腾冲煤油特捐局局长。其冬由南洋绕道回腾。一九三〇年，是年辞局务，任云南第一殖边督办署秘书。是年随督办蛮爱会审。一九三一年，任秘书，奉委赴右甸，会同保山、顺宁两县县长划分右甸，改设县治区域（昌宁县）。一九三二年，任秘书，奉委赴镇康查案。代理盏达行政委员。一九三三年，任秘书，随李督办蛮爱会审。是年并解决南甸土司与地方纠纷，奉省电记功二次。一九三四年，任腾冲县参议会正议长。一九三五年，在议长任内。一九三六年，辞议长职赴昆明，就第五旅秘书。一九三七年，五旅改编，调省政府秘书。一九三八年，省政府委充云南县长训练班毕业考试官，并兼任教育厅全省会考监视官。一九三九年，任昌宁县县长。一九四〇年，辞职回家。一九四一年，居家休养。一九四二年，腾冲失陷，县长逃走，委署腾冲县长，县府偏安腾北瓦甸、界头间，支持抗日。一九四三年，是年九月，复敌酋行政办本部长田岛书，为海内传颂。兼军事委员会委员长昆明行营军法官，晋阶简任八级，同陆军少将，又委兼腾龙守备指挥部第一军事支队长。一九四四年，随军进攻日寇，收复腾冲，赴榆修养七月。一九四五年，寓榆阅自编著腾北抗战史计十卷。是年奉中央颁发光华甲种二等奖章一个，执照一轴。九月赴昆明述职。一九四六年，先奉委云县县长，力辞之，旋赴奉委顺宁县长。到任后月余，即亲自剿匪首龚太九，提倡种木棉，修登瀛大桥。一九四七年，纂修县志，重修太平、迎恩两桥。是年奉国民政府任命顺宁县县长荐委任状一件。一九四八年，修葺图书馆，购买多数书置存馆内。是年冬辞职回家，因成绩卓著，先后记大功二次。一九四九年，居家编修旧稿，谢绝应酬。一九五〇年，居家休养，不问世事。一九五一年，居家休养（借居元吉村东方医院）。一九五二年，居家休养（借居五街竹子巷刘宅）。一九五三年，居家休养，是年四月应邀出席腾冲县第四届一次各族各界代表会（仍借居刘宅）。一九五四年，居家休养（迁回五街宅内）。一九五五年，居家看报学习，参加中共腾冲县委统战部组织的一些活动。一九五六年，当选人民代表，五月经保山赴芒市出席德宏州代表会，当选州政协常委。是年十一月，年迈体弱抱病，小女代笔上书统战部代假，难以出席州政协二次会议。

附录二　张问德自传[①]

问德姓张氏，字崇仁，号讱庵，别号遁叟，腾冲县人也。生清光绪庚辰（1880）八月六日，今年七十五矣。年老多病，将一生经历，略述以示后：

余秉性刚介，落落寡合，不迷信风水巫觋，不参加各种党派。七岁受庭训，十一岁出就外傅。读书十年，始青一矜而科举停矣，课读家居兼办戎幕者八年。

辛亥（1911）改革，甫人政途。民元（1912）任腾冲府行政长。民二（1913）调腾越正关委员兼官银号委员。是年冬，因干崖土匪倡乱，情颇危，民徙一空，由关调充干崖弹压委员，艰苦八年（月），事靖，调回腾越道署，任实业科长。民五（1916）辞赴昆明，旋赴粤任两广护国军都司令部委员。未几，都部撤销，都司令岑春煊咨送回滇，委江外铲烟委员，公竣，以县知事委用。民七（1918），委办腾冲边岸盐务。民九，委署芒遮板行政委员兼滇缅边案交涉员。其年冬，充蛮爱界边会审官。民十（1921），盏达发生重案，危机四伏，势将蠢动，当道飞檄调署盏达行政委员。未三月，纠纷立解，地方转危为安。是年冬，委充滇缅昔马、蛮爱两处边案会审官。在任三年，廓清积谳。感受瘴疠，几频于危，辞归调治。

回忆守边前后十年，本无政绩，薄有声称，戢影家居，不问世事。适驻防陆军二十六团与丽维副使联络反唐，迤西各县，

[①] 《张问德自传》，载方树梅辑：《续滇南碑传集校补》，云南民族出版社1993年版。

多被占领，腾虽独立，匕鬯不惊，而驻腾英领、税务司及地方人士惶甚，咸迫出维持县务，以免地方糜烂。如坚不出，英领、税务员即行回国，恐发生外交，而独立当局敦促至再，始出而维持。

内政外交，安堵如故，迨省军进攻，乃退缅境之仰光。

寻游沪上，遇故人李君曰垓，在沪相处年余，唐倒回滇，委充腾冲煤油特捐分局长，李君委第一殖边督办，邀任秘书共四年。民二十三（1934），任县参议会议长，任满，赴省任五旅秘书，旅改编六十军，充军法官。年迈不能远征，省府委充秘书。民二十七（1938），署昌宁县长，在任十八月，因病辞归医治。

民三十一（1942），五月十日，倭寇侵入，城失陷，率眷遁邵大营。六月，奉委腾冲县长，责以大义，于万难之中，奋袂而起，遂至瓦甸组成临时政府，总移界头。自后随军转战，旅进旅退，不知凡几。艰苦三年，收复乡土。

战区县府，供应粮袜夫役等，俱有规定。总部分监，超额威吓，索派乡镇，力与抗争，遂与霍揆彰龃龉，被其倾轧，而上峰明鉴，幸未中伤，解组赴榆。

民三十五（1946），委署顺宁县长。甫经莅任，不动声色，带团深夜出发，剿灭县属琼英乡积年惯匪龚太九，捣其巢穴，余匪闻风远飏，顺境肃清。从事文化，纂修县志；增建图书馆，添置书籍。此在顺宁之措施大略如是。年届古稀，精力衰败，力求退休，省府慰留。一再电乞，始允受代。退归梓里，闭门寡过。

一生处事以慎，交友以诚，出处进退，兢兢以正义自勖。

忧戚患难之中,性不离乎诗文,有《秋生草堂诗文》八卷,抗日支撑危局有《偏安腾北抗战集》八卷藏于家。从公数十年,薄田十数亩外,仅卢比数千,筑屋一间而已。衰朽不久于人世,录此梗概。知我罪我,所不计也。

遁叟张问德书于秋生草堂,时年七十有五。

附录三　代电霍总司令仍按协定抵除征购额[①]

总司令霍钧鉴：

未俭幄粮前粮字第八六七号代电奉悉。关于征购军粮一案，全部经过如次：查本县在平常每年约产粮三百五十万箩，去年因栽插收获两时期均值战役，收成不无减欠，又经敌伪屯积近八十万箩，故此次反攻，军民两粮均极困难。此次反攻至六月底止，全县人民供应军粮除马料而外，即以超过二百万斤之巨，至七月底止，又已增倍，民间疾苦加重，而所得之正式领据及便条仅及其半，民力不堪，曾以午引秘第一五三一号代电，报请饬兵站分监部筹谋设法计划供应，借苏民困。旋奉×××钧部未江勇决寺前参字第二七一号代电，"已电长官部速筹运外，并饬段分监查照办理矣"等因。同时以奉×××钧部午㕈幄粮代电，派员详查南甸、干崖、盏达粮食情形，以便饬由兵站价购。当以南甸、干崖、盏达一带粮食极多，敌人夺取极少，倘能在该三地区（属梁河、盈江、莲山三设治局）筹得大米五百万斤，至少可供两个月之需要，曾以未江秘第一五三五号代电，建议开设兵站，并派遣得力部队协助，又以未鱼秘罗第一五六二号代电，抄附梁河设治局第二股股长杨育榜报告，送请×××核示，未蒙示复，至是乃准段分监未微参代电，请于八月七日派员到油灯庄出席参加会议，讨论军民合作站设置事宜。当以关于军民合作站一案，前准×××钧部高参五四军特党部书记长陈士

---

① 《代电霍总司令仍按协定抵除征购额》，载张问德著，张志芬主编：《偏安腾北抗战集·秋生草堂诗文录》，云南美术出版社2005年版。

虎到府面洽，经拟定办法，于七月二十五日以秘字第一四九二号训令，通饬各乡镇遵照有案，乃指派本府科长明仕仲携带原令及办法，前往油灯庄赴会。殊八日晨，准段分监到府面商，以昨日开会已由东华乡认购军米四万市斤，下北乡认购军米十万市斤，兴华乡认购军米六万市斤，绮罗乡认购军米五万市斤，上北乡认购军米五万市斤，小西乡认购军米六万市斤，和顺乡乡认购军米十八万市斤，中和乡认购军米十三万市斤，洞山乡认购军米十四万市斤，明朗乡认购军米九万市斤，合计九十万市斤，惟以各乡镇情形并不熟悉，如有不均之处，请予追认调查等由。当以未微参代电系讨论军民合作站事宜，今弃军民合作站事宜不予讨论，而讨论军粮事宜，殊有未合，经提出质问，段分监以民间疾苦原以深重，然军粮紧急，仍请谅解协助等由。事实既已如此，当即免予协助，殊分监谓除此九十万市斤及杨参议、陈科长经办之五十三万市斤，计共一百四十三万市斤外，请再加征购五十七万市斤，合成二百万市斤之数。当以数目过巨，非地方能力所可负担，乃与保留，另候解决。继即商定本县征实征购悉以奉免，关于供应部队军粮结算办法，至八月七日以前一律不给价结算换据，抵除未来征实，自八月八日以后，无论交兵站或交部队，只须系属XXX钧部指挥之部队，一律给价结算换据，抵除此次及未来之征购。段分监离府以后，本府科长明仕仲亦回报称："职奉派前往油灯庄参加会议，讵并非讨论军民合作站事宜，而系分配征购军粮，职当即以声明，此事须向县长请示，职不能负责矣。"旋又据下北等十乡镇保长及士绅三十四人到府报称："当时开会因情形复杂，不得已乃照分配数出具认结，以来脱身，请予设法。"各等语。当即剀切开到，以目前军粮紧张，民生痛苦，均属实情，吾人应竭力以赴，且既据段分监当会宣示，并来府商谈，均有除此次征购军粮而外，以后关于军粮，绝不波及腾冲之明确表示，乃应忍痛办理。至各乡镇情形不同，或原分配有不均之处，当另予调整，各乡镇应先补给，万不能有中断情形。次九日晨，县长即来XXX钧部，请示解决尚未解决之征购军粮总数问题，经将由段分监所要求之征购军粮二百万市斤，由XXX钧鉴核定为一百五十万市斤，当日即研究分配，于十日晨发布秘字第一五八九号紧急命令，通饬各乡镇即刻遵照实施，并以未灰秘罗参字一五八六号带点，附分配表一份，请予XXX鉴核备查，旋奉XXX钧座未真勇决户前参字第三三二号代电，准予备查。总上各等因由，情是由请饬兵站分监部筹谋补给以苏民困起，直至军粮数量确定为一百五十万市斤为止，除八月七日油灯在开会，决定分配数系九十万市斤并非二百万市斤外，此十二日间，本府与兵站分监部，并未成立有任何征购军粮二百万市斤之协定。原议至为昭然明显，至奉到XXX钧鉴部未齐勇决户前参字第三零二号代电，饬征购军粮二百万市斤时，则已在征购军粮总数核定为一百五十万市斤以后矣。自征购军粮实施以来，各部队多向乡镇保所直接领取军粮，同时各兵站亦纷纷派员前往各乡镇公所坐催，各各勒交，遂演成抢运之现象。各乡镇以办事困难，时遭屈辱，上下骚然，本府据各乡镇代表来府面报，或具呈到府请予转请制止者，几无日无之，从而XXX钧部接获本府据情转请制止之代电，亦即无日无之矣。及至各乡镇前往兵站分监部结算征购军粮账务时，则自八月八日起直接交由部队之军粮，并未按照段分监八月七日在油灯庄会议席上当众宣示，及八月八日在本府当面协定有原议者，予以抵除征购军粮数额。旋查各乡镇按照八月八日段分监在本府协定，无论交兵站、交部队，只须系属集团军指挥之系统者，一律抵除征购军粮数量之原议办理，且以交足，而且亦已过者有新华、蒲川、东华等乡镇。而情形愈演愈恶，如东华乡原经分配征购军粮数额系四万市斤，该乡已过交三千余市斤，而第七分站犹将该乡乡长刘元甲擅自扣押，追交军粮，诚不知该分站所押追之军粮，究属何项军粮，更不知何所根据，甚至前往看视刘元甲之绅民黄玉光等，亦横被扣押。又蒲川乡原经分配征购军粮数额为二万市斤，而竟有兵站勒索军粮二万五千市斤之事。又如新华乡原经分配征购军粮数额为二万市斤，今已交过，而亦有三八九团军需坐催勒交军米之事，其坐催之军需甚至声言："我不管那么多，我只要米，没有米就不行。"直不知其所具有之军人武德，究尚有几何矣！各乡镇保长筹办征购军粮以极困难，又复经部队及兵站两方之勒催，其所受之待遇，非骂即打，非打即捆，非捆即押；更极愁苦一旦不准抵除征购数额，又复受民众之切责，此所以各乡镇长，类多有"生活非人"之语。且兵站分监部所可发给之征购军粮价款，每市斤仅有国币十元，而目前市价大米每斛有旧秤八十两，即五个老斤，约国币三百二十元，有米一斤即着国币六十四元左右，民家有米可出者，故无论矣，其家若现在无米，则以现款购交，每斤须赔累国币五十四元左右，而所需运费尚不在内。如于各该乡镇以内无可购买，须在县境以内或县境以外购买，由XXX钧部及本府发给之采购行驶证，经查有案者即已达二十万市斤，即置于该乡镇以内可以购买者，不论腾冲人民，因征购军粮而付出之差额价款赔累,即已达国币一千零八十万元,若并运费计算,则其数愈巨,倘再并在各该乡镇以内可以购买者计算,则其数将为如何!然以每斛合计八十两老秤五斤交付兵站,兵站以每斤合老秤十三两几之新市秤接收,反不足五市斤,究竟以何缘由而发生有如此极不名誉之事件之真相,尚待彻查。而如以新旧两秤换算,则每斛米已约差老秤五分之一,民间因此所应得之征购军粮价款,即无形损失五分之一,因此每交军米一斤,所须付出之差额价款赔累,即无形由国币五十四元余增加至国币六十五元余。民间于暴敌、奸伪、游击、便衣掳掠压榨搜索敲磕之余,银根奇紧之后,为支持征购军粮一事,忍痛牺牲巨量金钱,而则受部队催粮官兵凌辱,受兵站催粮官兵凌辱,又因横秤折耗,痛苦甚深,而一旦闻交部队军粮并不能抵除征购军粮数额,则无不感觉兵站失信,无怪民情由滋怨而趋愤激,机局不稳。县长为地方官吏,与XXX钧座同样负有安定战地之责任,亦同样关怀民众之痛苦,睹此情形,推测未来,局势之演变其将何以为心!至于各乡镇之征购军粮,无论交部队交兵战,均属补给反攻部队,未有粮罗代电固已陈明,盖予抵除以后,兵站分监部仅须将各部队收条发交各部队,作为食物补给转账即可完案,因抵除征购军粮数额,仅以自八月八日以后,由各乡镇交与各部队者为限,并不含有至八月七日以前,由各乡镇交与各部队者在内故也。此次征购军粮一百五十万市斤之效用,准前此段分监面称,反攻全军日需军粮六万市斤计算,应可维持军粮补给二十五日份,自八月八日其计算,应可维持军粮补给至九月一日止,本三十一日至九月一日仅相差一日,已经维持军粮补给二十四日份,实非徒负虚名可比,且以达到维持军粮补给之真实效用矣。假若分监部于获悉分配各乡镇征购军粮数额以后，立即按照各部队实有兵员数，分配补给地区、补给数量，由各部队直接向各乡镇领收，并饬各分站就近督饬实施，与部队及各乡镇分别结算，并一面于此可以将维持军粮补给之二十五日以内，尽速赶办南甸、干崖、盏达一带之粮运，则可补给圆满，可无军粮脱节之顾虑，可减除人民之痛苦，可减少乡镇长之困难，可保持原协定之信誉，无抢运之现象。而兵站分监部并无如此之企图与作为，故由此而发生之不良情形与事件，应由兵站分监部自行完全负责。奉电前，因以八月七日油灯庄开会商定征购军粮数额系九十万市斤，并无与兵站分监部协定有征购军粮二百万市斤之原议，以此次征购军粮并非徒负虚名，以此次征购军粮并非势不能维持补给，以人民生活痛苦，乡镇长办事困难，以由各乡镇交与各部队之军粮，应抵除征购军粮数额，曾由段分监于八月八日来府面商有协定原议，以军粮由各乡镇无论交部队或交兵站，均同属维持军粮补给，应电请XXX鉴核，祈仍饬兵站分监部按照原协定予以抵除，以昭信誉，而苏民困。事势情况如是，不得不为XXX钧座痛切陈之。至各乡镇过交之军粮以及原未分配征购军粮之乡镇，自八月八日起亦有补给者，亦请随同一百五十万市斤之数，不作此此征购军粮数额一并抵除。未来征购如何，祈XXX核示见复为祷。

    腾冲县长张问德扣。未引秘罗。

参考书目

1. 张问德著，张志芬主编：《偏安腾北抗战集·秋生草堂诗文录》，云南美术出版社2005年。

2. 张问德：《张问德自传》，方树梅纂辑：《续滇南碑传集校补》，云南民族出版社1993年。

3. 云南省地方志编纂委员会办公室人物志编辑组编撰：《张问德》，李景煜主编：《云南省志·人物志》，云南人民出版社2002年。

4. 龙云、卢汉纂修，李春龙、王珏点校：《新纂云南通志》六，云南人民出版社2007年。

5. 方国瑜：《抗日战争滇西战事篇》，云南大学出版社1994年。

6. 广东省地方志编辑委员会编：《广东省志·军事志》，广东人民出版社1999年。

7. 姜克夫：《中华民国史资料丛稿：民国军事史略稿》（第一卷），中华书局1987年。

8. 中国人民政治协商会议云南省委员会文史资料委员会编：《云南文史资料选辑》（第三十九辑），云南人民出版社1990年。

9. 谢本书：《沦陷区抗日县长之楷模——张问德》，《民国春秋》1996年第2期。

10. 林超民：《〈偏安腾北抗战集·秋生草堂诗文录〉序》，张问德著，张志芬主编：《偏安腾北抗战集·秋生草堂诗文录》，云南美术出版社2005年。

11. 李辉：《张问德·大义凛然的"汉县长"》，《云南教育》（视界版B）2005年第7期。

12. 腾冲县旅游局编：《青史堪争一页光——抗日县长张问德》，《历代名人与腾冲》，云南民族出版社2007年。

13. 中国人民政治协商会议云南省委员会文史资料委员会编：《云南文史资料选辑第五十辑：抗战中的云南》，云南人民出版社1990年。

14. 章东磐：《父亲的战场·县长张问德》，山西人民出版社2009年。

15. 刘正龙：《寻访一位抗日县长的足音》，《边疆文学》2002年第10期。

16. 余朝蕊：《由〈杂感二首〉看张问德的人品》，《云南档案》2008年第10期。

17. 段培东：《英雄贤达的仁人风范——腾冲抗日县长张问德》，中共云南省委党史研究室编：《云南全民抗战》，云南大学出版社1995年。

18. 张慕兰：《抗日县长张问德》，中共云南省委党史研究室编：《抗战纪实——抗日老战士征文选》，云南人民出版社1996年。

19. 云南省政协文史委员会编：《云南文史资料选辑第六十一辑：滇缅抗战亲历记》，云南人民出版社2005年。

20. 何光文：《滇西抗战史论》，云南大学出版社2007年。

21. 马有樊：《腾冲抗战间李根源致张问德信函辑注》，中共腾冲县委宣传部，腾越文化研究会编：《腾越文化研究》（第2辑），中国文联出版社2004年。

22. 张星槎：《抗日县长张问德的故事》，《党史信息报》2007年3月21日。

23. 尹明德：《滇西军民抗战概况》，载全国政协编写组：《粤桂黔滇抗战——原国民党将领抗日战争亲历记》，中国文史出版社1995年。

24. 李义钦：《见证历史——滇西抗战见闻录》，德宏民族出版社2004年。

25. 云南省档案馆编：《抗战时期的云南社会》，云南人民出版社2005年。

26. 袁德成、李慧、杨德华主编：《云南爱国风云录》，云南大学出版社2003年。

27. 李晓明、詹霖、文华编：《抗战中的云南：历史画卷》，晨光出版社2005年。

28. 中国人民政治协商会议西南地区文史资料协作会议编：《西南民众对抗战的贡献》，贵州人民出版社1992年。

29. 孙兴代、吴宝璋主编：《云南抗日战争史》（增订版），云南大学出版社2005年。

30. 孙兴代、吴宝璋编著：《团结抗战抗日战争中的云南》，云南人民出版社1995年。

31. 李继红撰稿：《张问德》，云南网2009年9月4日。

后 记

"逝者如斯夫，不舍昼夜。"时间真快，写完初稿已经过了三年！

回忆写作的过程，既有激动，又有迷茫；既有快乐，又有艰辛。我写这本小书，开始是很激动的。我虽历史系出身，但以前没有写过一个完整的人物。毕竟，这是我所写的第一个完整的人物。加之，我又是这个云南百名人物传作者群里最年轻的，因而我很珍惜这个来之不易的机会。记得我的导师林超民先生，在这套书的作者座谈会上说："我们要通过写这套书，培养一批优秀的年轻人才。"这对于我们年轻的后辈来说，无疑是一个巨大的鞭策。带着导师的期望，以及"初生牛犊不怕虎"的精神，我开始了写作。

然而，写作的过程没有想象的那么容易。最大的问题是材料的取舍。张问德的资料，虽然少，但也颇为可观。最主要的是，滇西抗战后，他以亲身经历和文牍写成《偏安腾北抗战集·秋生草堂诗文录》一书传世。然而，历来写张问德传记的，很少有人利用这本书。我尝试用这本书里的资料，来叙述张问德先生的经历。再就是，如果不用《偏安腾北抗战集·秋生草堂诗文录》一书，不可能把张问德写好，用了以后如何把书中的论文体,转化成散文体又是一个大问题。虽费了力,可能处理得还不好,这是一个缺憾。对于如何写好张问德,我也比较迷茫。幸好林超民先生在我困惑时,给了我指导。他一再强调,要做三个县长之间的比较,以突出抗日县长张问德的人格和精神。

前辈学者对张问德先生做了深入研究,没有这些研究,本书的写作将难以进行。按照要求,书中对于所引文献,或加引号,或转述,没有在书中一一注出。

感谢云南人民出版社金学丽编辑对本书提出的修改意见。

好友孙虹、和虎、符广兴、杨海东、张磊、谢斌、何安顺、程源纪、刘小华、杨春芳、钱秉毅等为本书的写作提供了不少帮助,一并致谢。

"写名人传记就是向名人学习的过程,要深入地、不断地学习。"这是我的导师林超民先生给我们的指导。通过学习,发现张问德先生是伟大的。他的伟大之处在于虽"受任于败军之际,奉命于危难之间",而能"鞠躬尽瘁,死而后已",力挽狂澜;他的伟大之处在于以"天下兴亡"为己任,坚韧不拔,始终保持浩然正气;他的伟大之处在于任劳任怨,不论处境如何,都能做到问心无愧,荣辱不惊。张问德先生是腾冲人民的精神化身,是滇西抗战的旗帜,是云南精神的集大成者,同时也是中华民族的抗日英雄!愿张问德先生的精神能对读者有所启迪。

由于不够用功,书中多少还有一些生硬的地方,有的地方还有一些不当的表述,错误不可避免,恳请读者赐教垂训。

作者　谨记

2016年3月9日于中国社科院研究生院宿舍

2016年11月修订